60歳からの知っておくべき経済学

髙橋洋一
Yoichi Takahashi

本書は、２０２４年１月末の情報に基づき執筆されています。

目次

序　章　学び直しの姿勢……7
はじめに／「思い込み」を捨てることから学問は始まる／孫に尊敬されたいなら押さえておくべき「三つの言語」／データ分析の基本「相関係数」を知る／マルクス主義はトンデモ経済学

第1章　経済の一般常識……27
経済の基本は「需要」と「供給」／「価格」は需要と供給の変化／「物価」はモノとカネの総量のバランス／「利息」「利回り」と「金利」の違い／金利と景気の関係／「雇用」創出のメカニズム／「為替」は円とドルの交換比率で決まる／「円高」よりも「円安」のほうがいい／「貿易」論の正しい理解／「少子化」と「人口減少」の経済的影響／「金融政策」と「財政政策」の両輪が必要／「リフレ派」「MMT派」「緊縮増税派」の違い

第2章　日本の財政の真実……77
「国債」の仕組みとその流れ／日本の「財政」は危機的ではない／世界の中でも日本の財政は超健全／借金の大きさと経済成長率は無関係／外国人が国債を保有していても問題なし／この世から「国債がなくなる」と……／国債は未来への投資／帳簿上の資産は売ることができる／天下り先の民営化で借金は減らせる／財政破綻を煽る黒幕は財務省

第3章　知っておきたい税の基本……113
実は消費税は理論的に優れた制度／消費増税は景気にマイナス／欧州と日本を単純に比較できない理由／「インボイス」は必要な制度／早急に「税源移譲」を実現すべき／所得税の完全捕捉で相続税、贈与税、法人税はゼロに／喫煙者は「たばこ税」で搾取され続ける／「ガソリン税」が減税されない理由／ガソリン税を「炭素税」に改名する可能性も

第4章　社会保障・年金のイロハ……143
社会保障は「保険」制度で運営されている／公的年金制度が破綻しない理由／

年金破綻論者の意味不明な増税根拠／年金制度の問題点と解決策／運営が難しい「健康保険」はマイナ一体型が理想／「後期高齢者医療費」の本人負担増には配慮が必要／「雇用保険料」を引き上げた真相とは？／「介護保険」は納付と給付がほぼ同じになる制度

第5章 個人資産の形成と防衛術……173

何歳からでも入れると謳う「民間保険」のワナ／退職金を当てに「家」を買う必要は本当にある？／高齢者の財布を狙う「FX」「暗号資産」業者にご用心／国債が「最強」の金融商品である理由／「株式投資」は数学と経済の知識が必須／企業判断に欠かせない会計知識／企業のストックを表す「貸借対照表」／企業のフローを表す「損益計算書」／優良企業を会計から見分ける方法

終章 シニア就業者に役立つ新視点……209

いくつになっても生産性を追求しよう／定年後に暇な高齢者は働けばいい／病を過度におそれる必要はない／おわりに

帯写真／難波雄史
構成／岡田光雄、大根田康介

序章　学び直しの姿勢

はじめに

「人生100年時代」が本格的に訪れる中で、高齢者たちがセカンドライフをより充実させるために、積極的に「学び直し」をする動きが広がっている。

例えば、大学や専門学校ではシニア世代向けの講座や授業が開講されているし、地域の公民館や市民大学でも趣味や興味に合わせた様々な講座が開催されている。さらに最近では、オンライン学習プラットフォームも充実してきており、図書館や書店に行けば多くの書籍や参考書が並んでいる。

向上心のある高齢者にとって、特に役立つ学問の一つが「経済学」だ。なぜなら、経済学を学ぶことで自分の生活で起こっている事象をより深く理解し、物事を捉える視点が大きく変わるからだ。

退職金で悠々自適に生活するにしても、余剰資産を運用してお金を増やすにしても、年金だけで細々とやっていくにしても、どんな状況でも経済に関する知識が欠かせない。

現代社会では玉石混淆の情報が溢れていて、老後の豊かな生活を送るためにはどうすればいいのか、という問いに対する答えを探すのは容易ではない。そのため、物事を定量的に捉え、理性的に考えることが必要だ。

わかりやすくいえば、経済学は人々の資源の生産、分配、消費の過程を研究する学問だ。「マクロ経済学」では、国の経済全体の動向や構造を、国内総生産（GDP）、失業率、物価上昇率、貨幣供給量などを通じて分析する。一方、「ミクロ経済学」では、個々の市場や企業の行動、意思決定を価格、需要、供給、利益最大化などを通じて研究する。

これらを専門的に考えようとすると、数式が必要になるため、文系出身者には少しハードルが高い。そのため、本書ではできるだけ基礎的なデータを使い、シンプルな言葉で説明するように心がけた。

ここで大切なのは「川を上り、海を渡る」ことだ。これは比喩的表現で、「川を上る」は「歴史をさかのぼって過去の経緯を調べること」、「海を渡る」は「海外の事例を調べること」を指す。これが何事においても真実を知り、騙されないようにするための方法だ。

かつて拙著『円安好況を止めるな！』（扶桑社）でも指摘したように、日本には以下の七つの俗論があり、これが経済成長を妨げてきた。

「財政破綻論」日本は借金が膨らみすぎて財政が危ないという主張

「最低賃金引き上げ論」左派系の活動家や政治家が人手不足の解消と称して労働者の賃上

げを主張

「格差・貧困論」小泉純一郎政権による構造改革以降に格差が広がり貧困層が増えたという主張

「年金破綻論」年金保険料を支払う人が減り、年金制度が崩壊するという主張

「少子高齢化危機論」少子高齢化がこのまま進み続けるという主張

「人口減少危機論」人口が減って日本経済がダメになるという主張

「消費増税必要論」増え続ける社会保障費を賄うために、消費税を増税したほうがいいという主張

これらの俗論が全て誤解だというのは、経済学をしっかり学べば理解できるはずだ。本書を読むことで、大人として知っていて当然の経済の仕組みを学び直し、孫にも得意げに教えることができるくらい、理解度が深まれば幸いである。

「思い込み」を捨てることから学問は始まる

拙著『FACTを基に日本を正しく読み解く方法』（扶桑社）では、人間が持つ「思い込み」のリスクについて解説した。

経済に限っても、思い込みによる誤解が通説化しているのはよくみられる。

例えば、戦後の日本が高度経済成長を果たしたのは、通商産業省（現在の経済産業省）の適切な政策により、日本が技術立国になったからだ、という思い込みがある。

実際は、当時の産業政策が効果を発揮したからではない。トヨタやホンダ、パナソニック（当時は松下電器産業）、ソニーといったメーカーが、国の指導のおかげで成長したと考えている人はさすがにいないだろう。また、これらの企業の技術力だけで日本のＧＤＰが増えたわけでもない。

実際に高度経済成長を支えたのは、１ドル３６０円という為替要因、つまり円安にある。このように考えると、昨今の「円安で日本経済が悪循環に陥る」といった論調は誤解だということがわかる。どんな国でも、輸出依存度などにかかわらず、自国通貨安はＧＤＰを押し上げる。それが世界の経済学の常識だ。

１９７０年代、物価が二ケタの上昇率で高騰する「狂乱物価」となり、その原因は石油ショックだという思い込みが流布していた。たしかに、それも理由の一つだが、実はその前から物価は急上昇していた、という経緯がある。１９７１年に１ドル３６０円の固定相場制から変動相場制への移行のタイミングで、為替維持のために大量のお金が市中に供給され、それで物価が上昇したのだ。

また、バブル期にはとてつもないインフレーション（物価の上昇）が起きたという思い込みがある。たしかにバブル世代の人は自由に使えるお金が多かったから、そうしたイメージが生まれたのだろう。

しかし、当時の実際のインフレ率は0・1％から3・1％の範囲であり、ごく健全な水準だった。高騰したのは、株式や土地など一部の資産価格だけだ。日用品などの商品価格はそこまで上昇していなかった。こうしたデータが頭に入っていれば、一般的な商品価格と資産価格を切り離して考える必要があることが理解できる。

過去の事象に対する思い込みが、現在の状況を正しく把握する妨げになり、将来予測を困難にする。

戦後、左派思想に染まった教師の授業や、経済リテラシーの低いオールドメディアの報道により、誤解だらけの情報が流布されてきた。さらに、的中しない予測を繰り返すエコノミストや経済学者もはびこっている。これらが思い込みを広める要因となっている。

さらには財務省のように、意図的に「日本は財政が破綻寸前だから消費増税が必要」といった虚偽情報を流し、国民を洗脳しようとする勢力も存在する。

政策担当者たちも思い込みにとらわれ、誤った政策をとってしまうことがある。例えば、「失われた20年」はその代表例だ。

バブルの状況を正しく分析せず、市場に出回るお金の供給量を抑制する金融引き締め政策を行った結果、長期のデフレーション（物価の下落）にあえいでしまった。本当の原因は、法の不備をついた不動産や株式の売買・運用だったのに、そこを間違えて利上げし、資産価格を抑えるだけでなく、一般的な商品価格まで抑え込んでしまったのだ。

こうしたことからも、決して「インターネットの情報は信用ならないが、テレビや新聞などのオールドメディアなら信用できる」とは思わないでほしい。偏向報道で印象操作したり、証拠に乏しいニュースを垂れ流しているケースも少なくないからだ。

年をとると、新しい情報を取り入れる意欲や機会が減少するといわれている。特にシニア層は、思い込みを捨てる努力が何よりも大事だ。それにはデータを検証し、分析する能力を備えることが求められる。

孫に尊敬されたいなら押さえておくべき「三つの言語」

フェイクニュースがはびこる中、筆者はファクトを見極めるために三つの言語が必要だと考えている。

一つめは「人文科学の言語」で、日常会話や書籍などで用いられる一般的な言葉や文章のことだ。日本語の読解力はもちろん重要だが、加えて外国語を習得すればアクセスできる情報が格段に増える。特に今の時代には英語が必要不可欠だ。幸いなことに、人工知能（AI）の進化により翻訳の精度も飛躍的に向上しており、外国語を学ぶ際の苦労も減っている。

二つめは「社会科学の言語」で、経済や会計の理論を指す。これらは本書を読めばある程度は理解できるだろう。

おそらく多くの読者にとって最も難解なのは、三つめの「自然科学の言語」ではなかろうか。具体的にいうと、数学の言語だ。

例えば、アインシュタインの相対性理論を説明する際には物理学の知識が必要だが、専門的に解説すると難解になる。そのため、一般向けの入門書では、自動車の時速など身近な現象に置き換えている。

しかし、数学の能力があれば、数式を通じて理論を簡潔に説明できる。もちろん、相手にも自然科学の言語として数式を理解する能力が必要だ。数学の能力を備えた者同士なら、言葉の壁はなく世界共通の普遍的知識として共有できる。

ただし、数学の公式をいろいろと暗記する必要はない。公式は、いくつかの基本的な原理から成り立っている。例えば、高校数学なら数個くらいしか原理がない。そこからたいていの公式を導き出せる。逆にいえば、公式を導き出す過程を理解していれば、数学の問題はだいたい解けるし、応用もできる。

暗記して覚えた知識は、年をとればいずれ忘れてしまう。そのため、知識量よりも「演繹法」で与えられた命題を解くロジックを身につけよう。

演繹法は、いくつかの前提から複雑な事柄についての解答を全て導き出す方法だ。物事には本質があり、そこに要素が組み合わさって世の中の出来事が生じている。つまり、「何が本質か」ということからファクトを導き出すため、数個の基本的な知識だけで十分に問題は解けるのだ。

必要なら他の知識は後から身につければいいし、そのほうがファクトを検証する際にも圧倒的に有利だ。演繹力があれば、様々な意見の矛盾点もすぐに見抜けるようになる。

物事をシンプルに捉える方法の一つとして、ある事象とある事柄に相関性があるかをデータで検証することがある。そのためには統計学が必要となる。

飽和曲線のイメージ

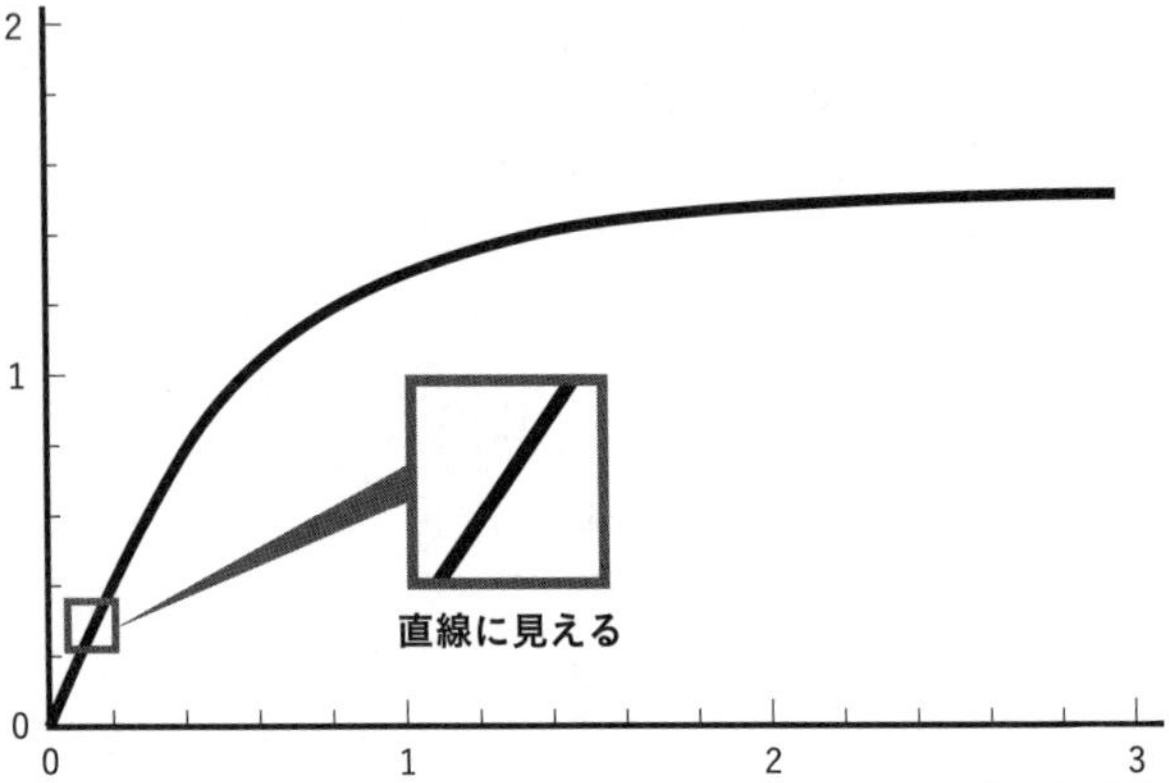

（編集部で作成）

例えば、テレビの視聴率は、3台だけで測ると100%、50%、0%という極端な数値になるが、テレビを600台まで増やせば、より正確な結果に近づいてくる。

そのため、サンプル数が少ない議論は結論を導き出せない。データにはサンプル数が重要だ。このような議論ができない人は、たった一つのデータで納得し、わけのわからない結論を導き出してしまう。

データに強くなるには、グラフを描く習慣を身につけるのが効果的だ。

例えば、新型コロナウイルスが流行し始めていた2020年初頭、テレビのワイドショーのコメンテーターなどは、このまま感染者が1、2、4、8、16、32、64……とネズミ算式に増えていくとでもいわんばかりに危機感を煽っていた。つまり、ネズミ算式をグラフ化すると右肩上がりにほぼ直線的に伸びていくだろう、と。

だが、実際そんなことはありえない。直線的にみえるグラフも、いずれゆるやかな曲線（飽和曲線）に変わって落ち着いていく。なぜなら、こうしたケースでは、政府が対策を講じたり、ワクチンが開発されたり、免疫力がついたりして、途中で逆のフィードバックが働くのが世の常だからだ。それに、もし本当にネズミ算式に増えていくのであれば、1カ月ちょっとで全世界の人々が感染して、世の中があっという間に終わってしまう。

こういったコメンテーターたちは、表計算ソフトすら満足に扱えないのだろう。自然科学の言語を理解していないため、数式が混乱している。また、そういう人に限って、前提を間違えた感情的で定性的な議論に陥りがちだ。

グラフを描く能力は、相関関係の有無を証明する際にも必要だ。最低限、こうした能力を身につけることで、物事をより理性的で定量的に考えられるようになる。

そうすれば、孫や子どもが高校生くらいになって時事問題に興味を持ち始めたときに、「その経済の言説は、データAとデータBを根拠として挙げているが、AとBには相関関係がないため間違えている。高校の授業で相関係数の勉強くらいはしただろう？」と指摘でき、いいところをみせられるかもしれない。

データ分析の基本「相関係数」を知る

データとグラフを自在に扱える方法を知れば、分析の質が飛躍的に向上する。

その基本的な方法の一つが、相関係数（ピアソンの積率相関係数）だ。

相関係数は、「x」と「y」の二つの要素が、どれくらい強い関係にあるかを数値「r」で示す指標だ。相関関係がある場合、「両者には関係がある」ことはわかるが、「どちらが原因でどちらが結果か」という因果関係まではわからない。ただし、相関関係があれば「因果関係があるかもしれない」といえるが、相関関係がなければ「因果関係はないだろう」という推測はできる。

一般的に、相関係数rは、二つの変数xとy、そしてデータの個数nによって構成される公式から導かれる。0から±1までの実数で表され、0に近いほど無相関を示し、±1に近いほど強い相関関係を示す。相関係数の符号がプラスの場合は「正の相関」であり、xが増えるとyも増えることを表す。一方、符号がマイナスの場合は「負の相関」で、xが増えるとyが減少するという関係を示す。

こうしたことを視覚的に把握するために、xとyのデータをドットで落とし込んだ「散布図」（相関図）を作成する。

散布図を作るには、原因となる項目を横軸、結果となる項目を縦軸に置き、例えば％と％、人数と人数など、それぞれの単位を揃える必要がある。

もし、ドットが右肩上がりに分布しているなら正の相関、逆に右肩下がりなら負の相関で、バラバラに分布しているなら無相関といえる。

例えば、先ほど日本はバブル崩壊後、金融引き締め政策をとったことにより、失われた20年を招いてしまったと述べたが、それもこの手法で証明可能だ。世界各国の「お金の伸び率」と「名目ＧＤＰ成長率」の二つに、相関関係があるかを調べればすぐにわかる。

日本のバブル期、失われた20年期、当時の安倍晋三首相によるアベノミクス期、それぞれの時期で比較検証してみよう。それを求める手順は次の通りだ。

⑴世界銀行のウェブサイトから、日本のバブル期に相当する１９８４年から１９９３年までの各国（地域）の、お金の伸び率と名目ＧＤＰ成長率のデータをダウンロードする。

⑵お金の伸び率と名目ＧＤＰ成長率の両方のデータが揃っている国だけを選別する。

⑶選別された国データを用いて、横軸（x）に「お金の伸び率」（同期間の平均、％）、縦

a-1　**世界各国のお金の伸び率と名目GDP成長率（1984-1993年）**　単位：%

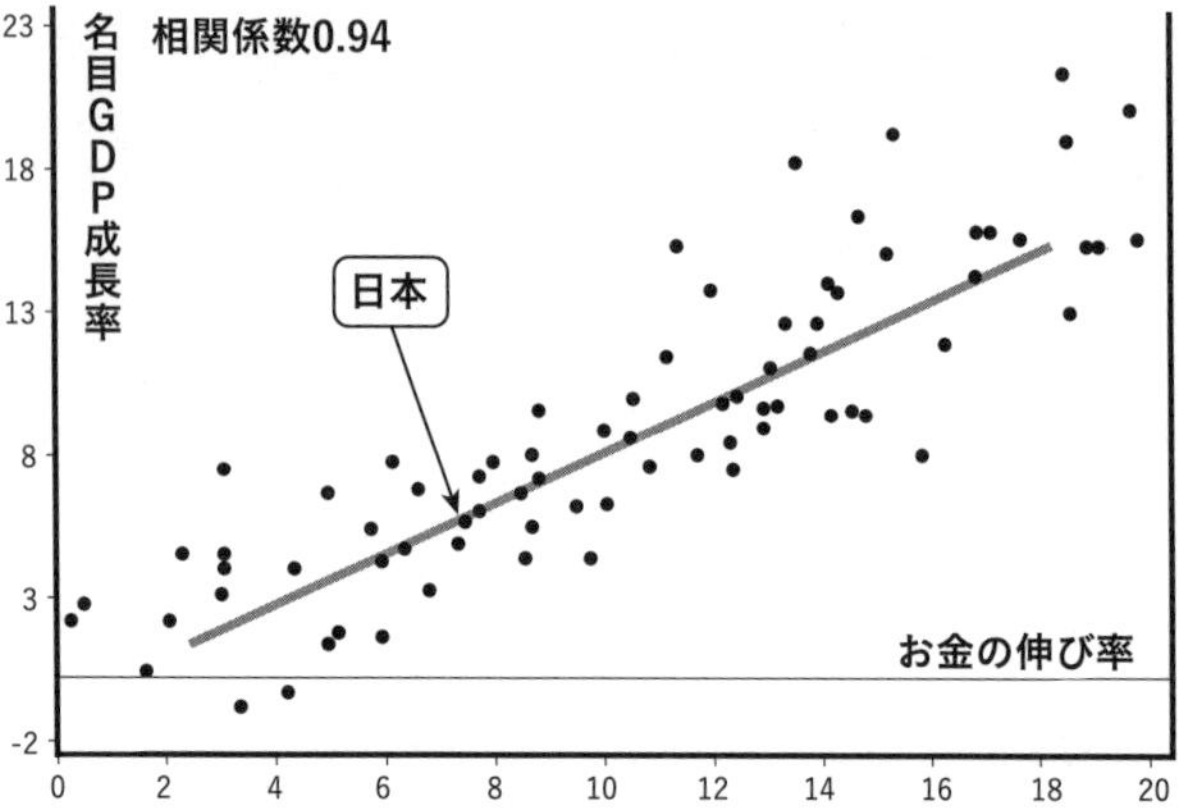

（世界銀行資料より筆者が作成）

軸（y）に「名目GDP成長率」（同）をとった図a－1を作成する。

(4)この散布図を使って相関係数を計算する。この事例ではr＝±0・94となり、グラフの線は右肩上がりだから正の相関、しかもかなり強い相関関係があるといえる。

次に、失われた20年に当たる1994～2013年を分析すると0・79（図a－2）、アベノミクス期の2013～2021年は0・88（図a－3）と、いずれも強い正の相関がみられた。

これらのデータから、世の中に出回るお金の供給量を増やせば経済は成長し、日本の場合もバブル期にはそれができて

a-2

世界各国のお金の伸び率と
名目GDP成長率（1994〜2013年）

単位：％

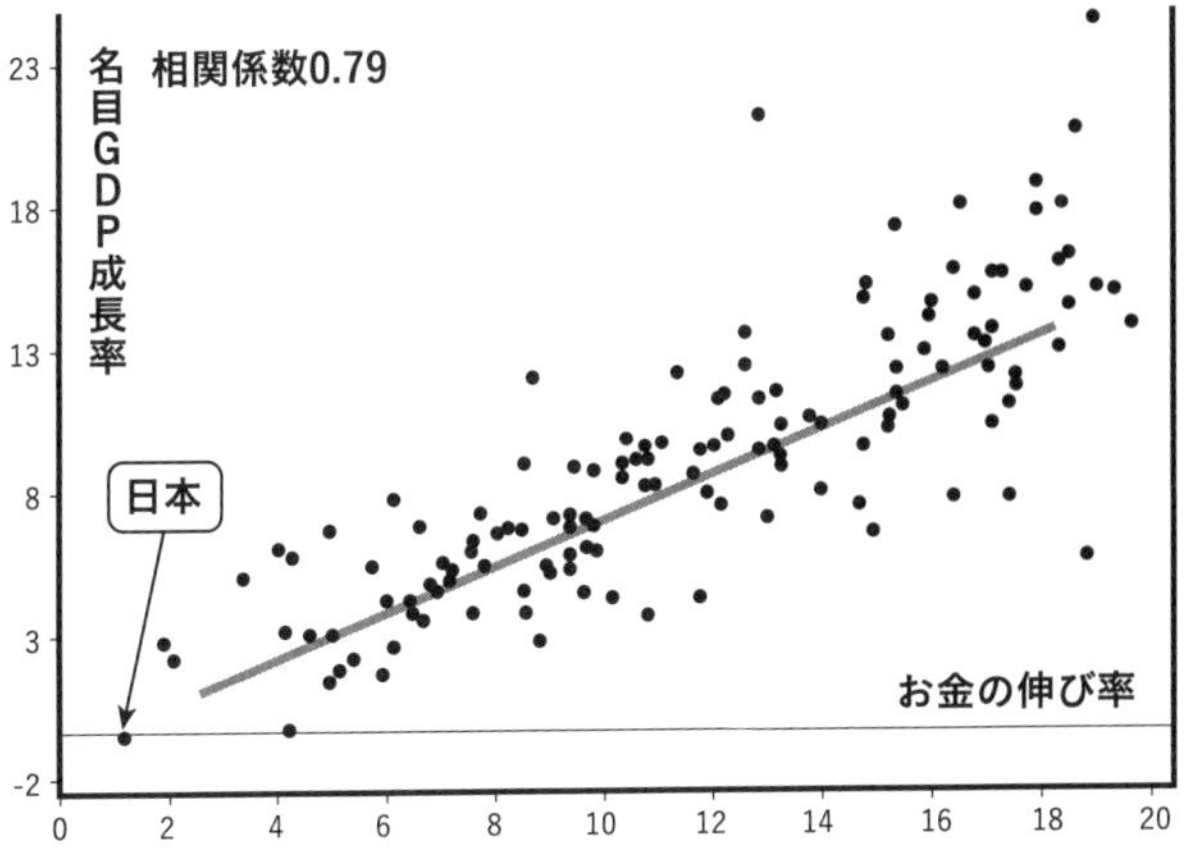

（世界銀行資料より筆者が作成）

a-3

世界各国のお金の伸び率と
名目GDP成長率（2013〜2021年）

単位：％

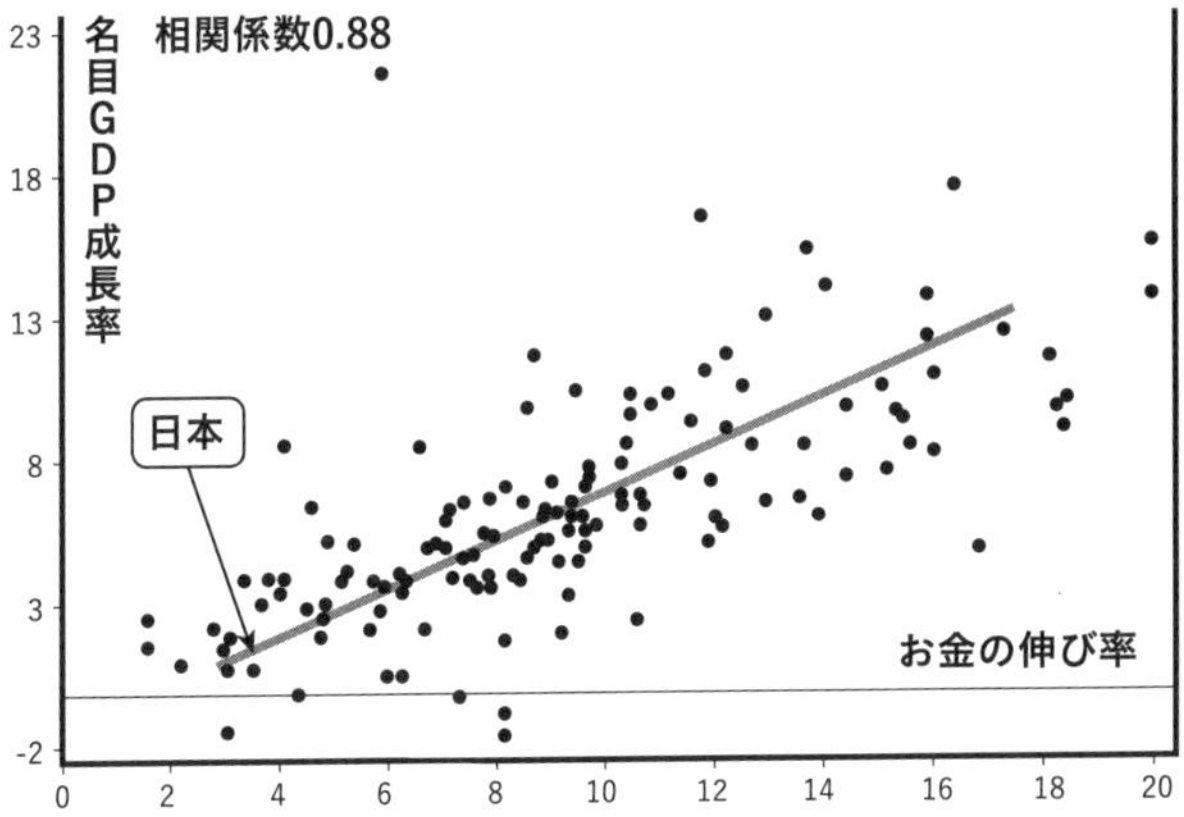

（世界銀行資料より筆者が作成）

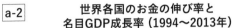

いたが、失われた20年の金融引き締めによって景気が低迷し、アベノミクスの金融緩和のおかげで持ち直してきた、とわかる。

この方法を応用すれば、様々なデータ分析が可能だ。

思い込みの議論の多くが、日本国内の状況しかみていない。散布図の一つのドットだけをみていても、実際には全体像が大きく異なることがある。一点だけをみて思い込みから議論する人々には、散布図すら描けないことが少なくない。データを一カ国だけみるか、他の国も含めてみるかによって、議論の質は大きく変わる。

散布図を作成し、相関係数を求めるには、単純にＥｘｃｅｌや計算サイトなどに数字を入力していくだけだ。詳細な手法については、拙著『髙橋洋一式デジタル仕事術』（かや書房）を参照してほしい。

マルクス主義はトンデモ経済学

本書を読んでいるシニア層の読者なら、おそらくは経済に多少の関心を持っているだろうから、一度はマルクス主義という言葉を聞いたことがあるかもしれない。これはデータに基づかないトンデモ経済学の典型例だ。

筆者は大学では理系だったが、ある時、一般教養科目で『資本論』を読む課題が出た。19世紀のドイツの哲学者、カール・マルクスが書いた本で、全3巻から成っている。しかし、マルクスが亡くなる前に完成したのは第1巻だけで、残りの巻は遺稿をもとにフリードリヒ・エンゲルスが編集した。

第1巻では、資本の生産プロセスを題材として、資本主義経済の根本的な構造が説明されている。第2巻は資本の流通プロセスを扱い、第3巻は資本主義経済の再構成を試みるため、資本主義の基本矛盾などについて触れている。

共産主義に憧れる人々は、『資本論』を聖典のように尊重している。要するに、これらを信じる人々は、何があっても共産主義の理念を支持するというわけだ。

共産主義は、資本主義の私有財産制度を否定し、生産手段や資源が社会全体によって共有されるべきという主張だ。社会的な平等や労働者の権利、貧富の差の縮小、経済的な公正を重視している。階級闘争や革命的な変革を通じて社会を変え、最終的には国家の消滅と共産主義社会の到来を目指している。

その理論的基礎になっている『資本論』には何が書いてあるのか。大学生になるまで一度も読んだことがなかったため、「どれどれどんなものか」と初めて本を開いてみたが、数ページ読んだだけで内容に呆れて閉じてしまった。

『資本論』は理論的体系に基づいていると褒める人もいるが、そのベースは労働価値説だ。簡単にいえば、モノの価格が労働の対価によって決まるという考え方だが、筆者にはそれがまったく理解できなかった。

水ひとつとっても、ミネラルウォーターもあれば炭酸水もあり、それぞれ価格は異なる。それらの価格は労働時間の長短とは関係ない。消費者の需要で決まるからだ。どんなに時間をかけて生産したとしても、需要がなければモノは売れない。逆に、まったく時間をかけなくても、何十倍もの価格で売れるモノもたくさんある。

モノがいくらで売れるかは需要によって決まる。それが経済学の大前提であるにもかかわらず、労働価値説というばかばかしい前提の上に成り立つ著書がなぜ重宝されるのか、まったく意味がわからなかった。

論理学の世界では、成り立たない前提で始まる議論は無意味だとされている。そのことはすでに大学時代には知っていたから、『資本論』は読むだけの価値がないし、時間の無駄だと悟った。そのため、前出の授業の課題に対しては、「労働価値説に基づく資本論は読む必要がない」というレポートを提出したが、見事に単位はとれなかった。その教師も所詮、そのような人物だったということだろう。

のちにマルクスの数学知識について触れることがあったが、やはりとんでもなくばかばかしいものだった。数学をまったく理解していないのだから、論理的な思考展開などできるはずがない。筆者なら一発で答えを出せるような話を、ああでもない、こうでもないと、延々とこねくり回しているだけの言説だった。ある社会学者が「マルクスの数学論は高尚だ」と話していたが、さすがに大笑いしてしまった。

そういう理論をベースにしている共産主義には、疑問しか湧かない。それに憧れる人は、論理体系などは抜きにして、答えだけをみて気持ちよくなっているのだろう。

実際、世界で共産主義国がどれくらいあるのか調べてみると、昔は100以上あったものの、現在残っているのはわずかに5カ国。つまり、5％くらいしか成功していないわけであって、それでは正しい政策とは呼べない。

共産主義者は労働者を擁護して資本家を敵視しているが、実は共産党は共産主義をもとにして労働者を支配している。共産党に所属できた人だけが利を得る側に回れて、それ以外の人はこき使われるだけだ。こう考えると、共産主義は共産党による支配機構を構築するための思想にみえる。

さて、悪例や学びの姿勢の話はこれくらいにして、いよいよ第1章からは本格的に経済学を学んでいこう。

第1章　経済の一般常識

経済の基本は「需要」と「供給」

経済とは、簡単にいえば、あるモノを売りたい人（生産者）と、あるモノを買いたい人（消費者）の希望価格が一致するところで、モノの価格が決まるという話だ。

この需要と供給は曲線で表すことができる。需要曲線は「消費者の希望購入価格が低くなる」ほど「欲しい量が増える」ことを示し、供給曲線は「生産者の希望販売価格が高くなる」ほど「作る量が増える」ことを示している。そして、需要曲線と供給曲線が交わる点が、取引が成立する価格だ。

このたった一つの視点を持てば、経済の9割はほぼ理解できる。ここでは半径1メートルの世界の経済、いわゆるミクロ経済に焦点を当ててみよう。

あらゆるモノには、「市場」というものが存在する。市場とは、生産者と消費者が集まる舞台装置だ。これは市場の重要な機能の一つで、売り手と買い手がそれぞれのニーズや条件を調整しながら価格が決まっていく。例えば、100人の消費者がいたとして、あるモノについて100円で買いたい人もいれば、200円で買いたい人もいるだろう。この需要（Demand＝D）を、価格の高い順に並べると図b-1のようになる。

b-1　**需要曲線**　単位：円

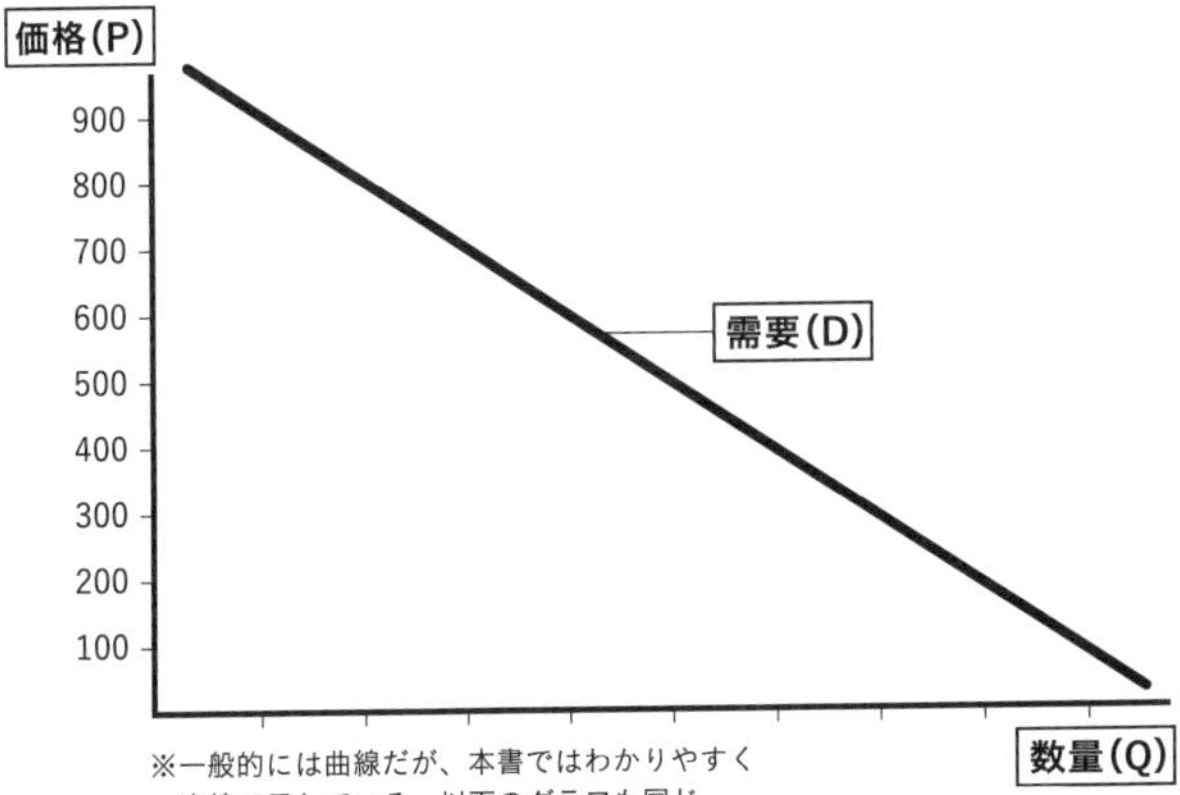

※一般的には曲線だが、本書ではわかりやすく直線で示している。以下のグラフも同じ

（編集部で作成）

b-2　**供給曲線**　単位：円

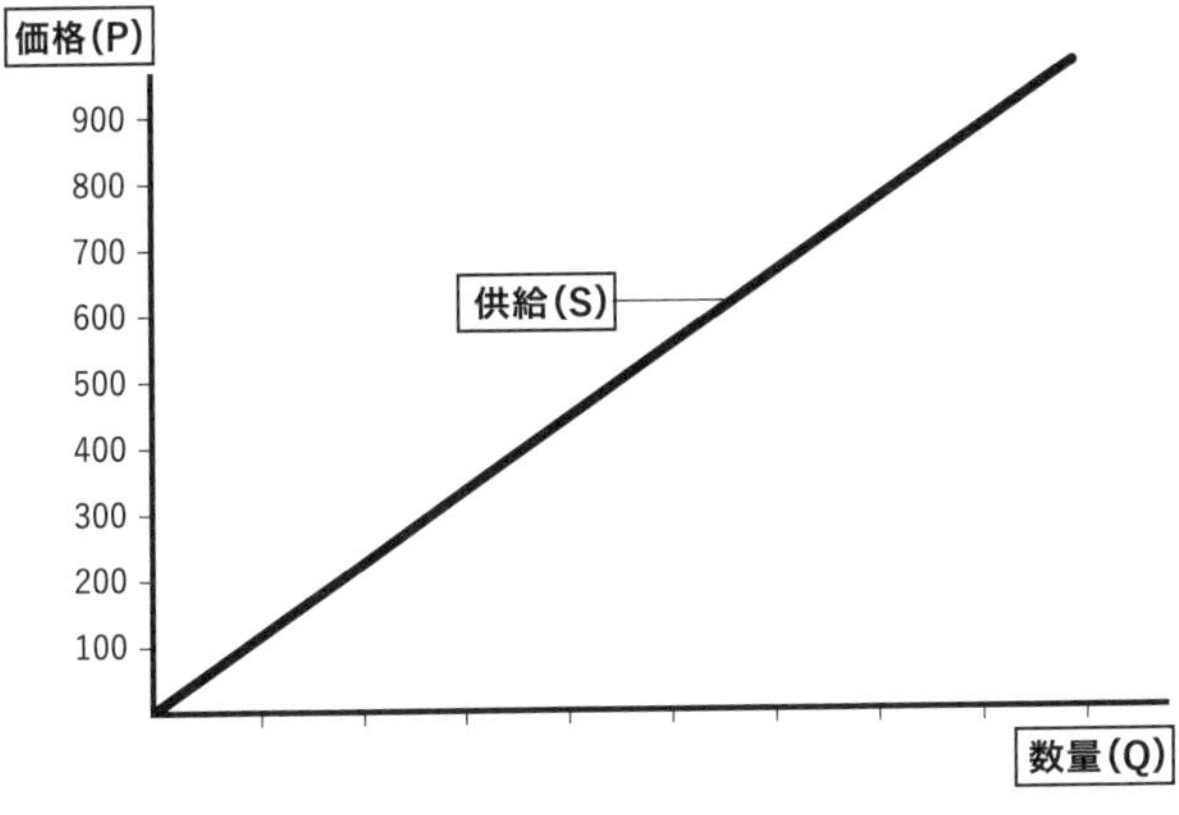

（編集部で作成）

b-3 需要供給曲線 単位：円

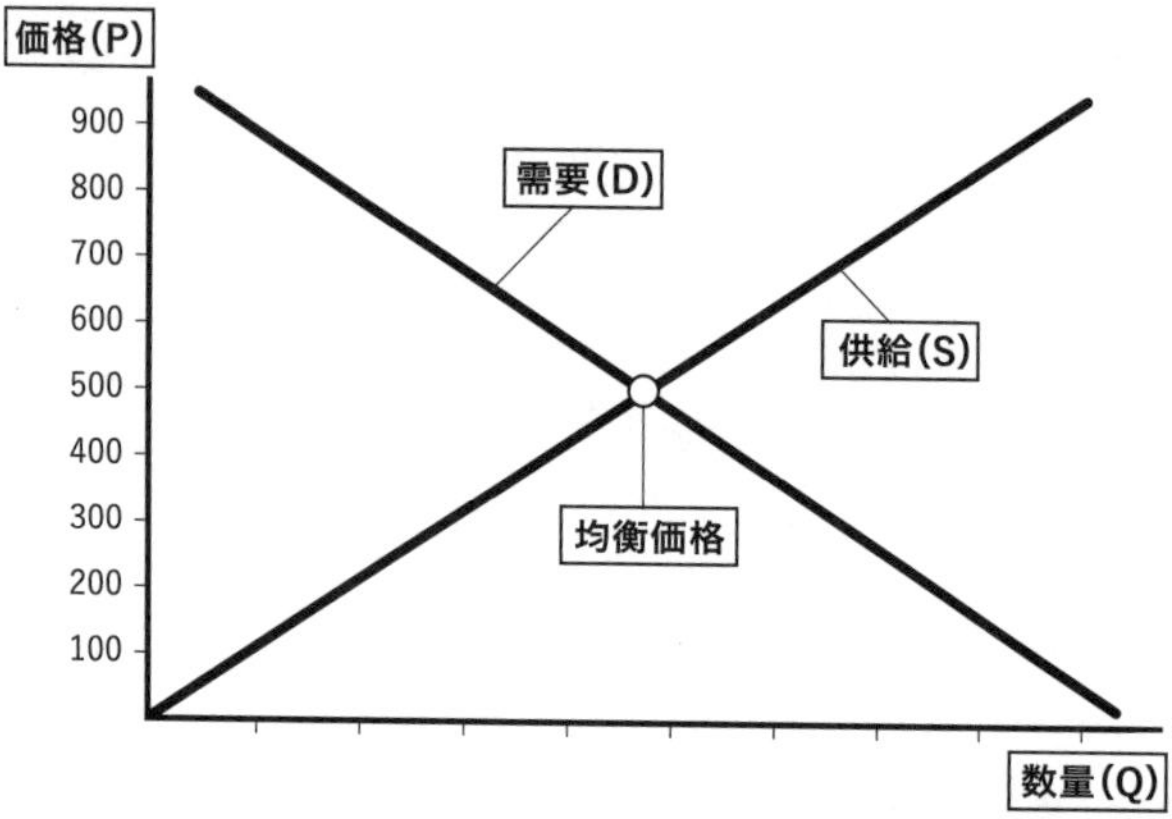

（編集部で作成）

一方で、モノの生産者が１００人いたとして、彼らは「いくらで消費者に売ろうか」と常に考えている。９００円で売りたい人もいれば、８００円で売りたい人もいるだろう。この供給（Supply＝S）を、価格の低い順に並べると図ｂ－２のようになる。

需要曲線が右下がりになっているのは、価格が高くなるほど「欲しい」と思う人の数が減っていくからだ。また、供給曲線が右上がりになっているのは、価格が低くなるほど「売りたい」と思う人の数も減っていくからである。

このＤとＳの二つを重ねたものが図ｂ－３の「需要供給曲線」になる。

二つのグラフの交点が、需要と供給が一致

b-4　**消費者余剰と生産者余剰**　単位：円

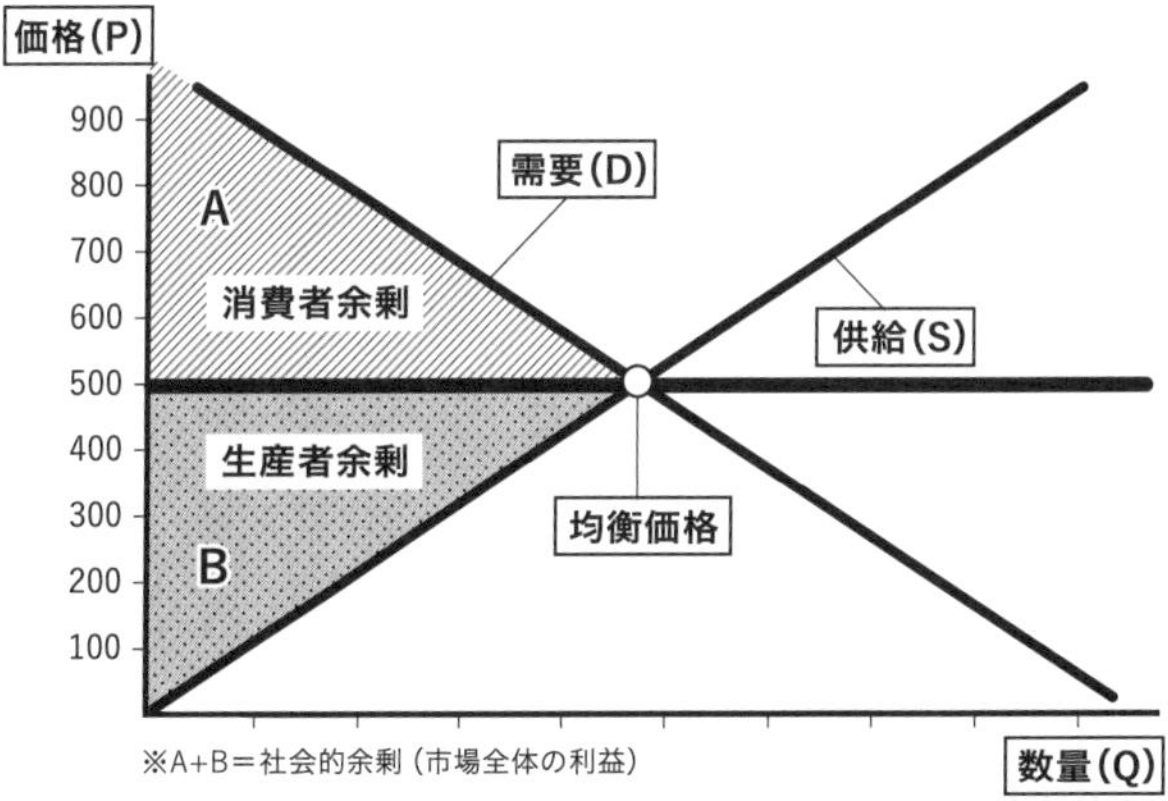

（編集部で作成）

する「均衡価格」で、この価格で生産者と消費者の欲求が満たされる。

まず真っ先に取引が成立すると考えられるのは、グラフの左端の「９００円で買いたい人」と「１００円で売りたい人」だ（価格ゼロは除外）。

そこから価格が上がっていくと、生産者と消費者の希望が合致するポイントがどんどん変化し、５００円で売る人と５００円で買う人が交差し需給がマッチングする。

それ以降は、お互いの希望価格がかけ離れていくから、基本的に取引は成立しない。

ここで知っておきたいのが、図ｂ－４の「消費者余剰」と「生産者余剰」だ。

消費者余剰とは、消費者が支払ってもいい

と考える価格と、実際に支払った価格との差である。例えば、あるモノを900円で買いたいと考えていた消費者が、500円で買えたとしよう。この場合、消費者は本来なら900円を支払う必要があったのに、500円で済んだことになる。つまり、消費者は400円の利益を得たことになる。

また、生産者余剰とは、その財の実際の販売価格から、当初生産者が売ってもいいと考えていた金額を引いた差額だ。例えば、あるモノを100円で売るはずだった生産者が、400円で売れたとする。この場合、生産者は本来なら100円しか稼げなかったのに、400円を稼げたことになる。つまり、生産者は300円の利益を得たことになる。

図b－4のように、消費者余剰は、需要曲線と均衡価格との間の面積Aの部分で表される。また、生産者余剰は、均衡価格と供給曲線との間の面積Bの部分で表される。

このように消費者余剰と生産者余剰は、市場の効率性を示す指標の一つで、消費者余剰が大きいほど消費者はより多くの利益を得られ、生産者余剰が大きいほど生産者はより多くの利益を得られる。

そして、消費者余剰と生産者余剰の合計を「社会的余剰」といい、市場全体の利益を表す。言い換えれば、消費者余剰と生産者余剰は「市場の効率性」を示す指標なのだ。

あるスーパーで、リンゴが100円と200円で同時に販売されているとしよう。100円のリンゴはすぐに売り切れ、200円のリンゴは需要が少なく、売れ残ってしまう可能性が高い。この場合、需要と供給が一致する価格は100円だと考えられ、スーパーはその価格で売るほうが効率的だということになる。

年を重ねてから経済のことを勉強しようとしても、小難しい経済用語は頭に入ってこないだろう。しかし、皆さんには長年、身近なところで培った経験と感覚がある。需要と供給の概念、ひいては経済の本質は、私たちの日常生活において知ることができるのだ。

「価格」は需要と供給の変化

私たちの身の回りの経済を理解するために必要なのは、つまるところ「物価変動」と「経済政策」の二つである。商品の価格変動の原因は需要と供給の変化にあり、これは需要供給曲線で説明できる。

だが、商品によっては需要曲線と供給曲線の形状が異なるケースもある。特に生活必需品では、価格が上がっても、ほとんど需要が変わらないという傾向がある。

これは、その商品がほかに選択肢がなく、価格が高くても安くても購入されるからだ。

例えば、トイレットペーパーが代表的だ。300円から400円に値上げしても、節約のために「ほかのモノで代用しよう」と考える人はほとんどいないだろう。他社の同じトイレットペーパーと価格を比べることはあっても、基本的に生活必需品だから、値上げしたとしても買わざるを得ない。

このような商品は「価格弾力性が低い」といわれ、売れる数が価格に影響されにくい。そのため、需要曲線は急峻な傾斜となる（図c－1）。視点を変えれば、「必需品の価格変動は主に供給曲線のシフトによって引き起こされる」といえる。

一方、生活必需品とは異なり、嗜好品やぜいたく品は価格が上昇すると需要が急激に減少することが一般的だ（図c－2）。例えば、理髪店の料金が2倍になれば、1カ月に1回通っていたのを2カ月に一回に減らしたり、より安い理髪店に替えることが多いだろう。こうした商品やサービスは「価格弾力性が高い」と表現される。

需要曲線は、供給曲線よりも変動しやすいという特徴がある。なぜなら、需要が個々人の好みによって左右されるからだ。

生産者側は、毎年一定の手順で生産することが一般的で、供給は需要に比べて比較的安定している。そのため、需要供給曲線でみると、供給曲線の上を需要曲線が移動している

c-1　**低い価格弾力性**

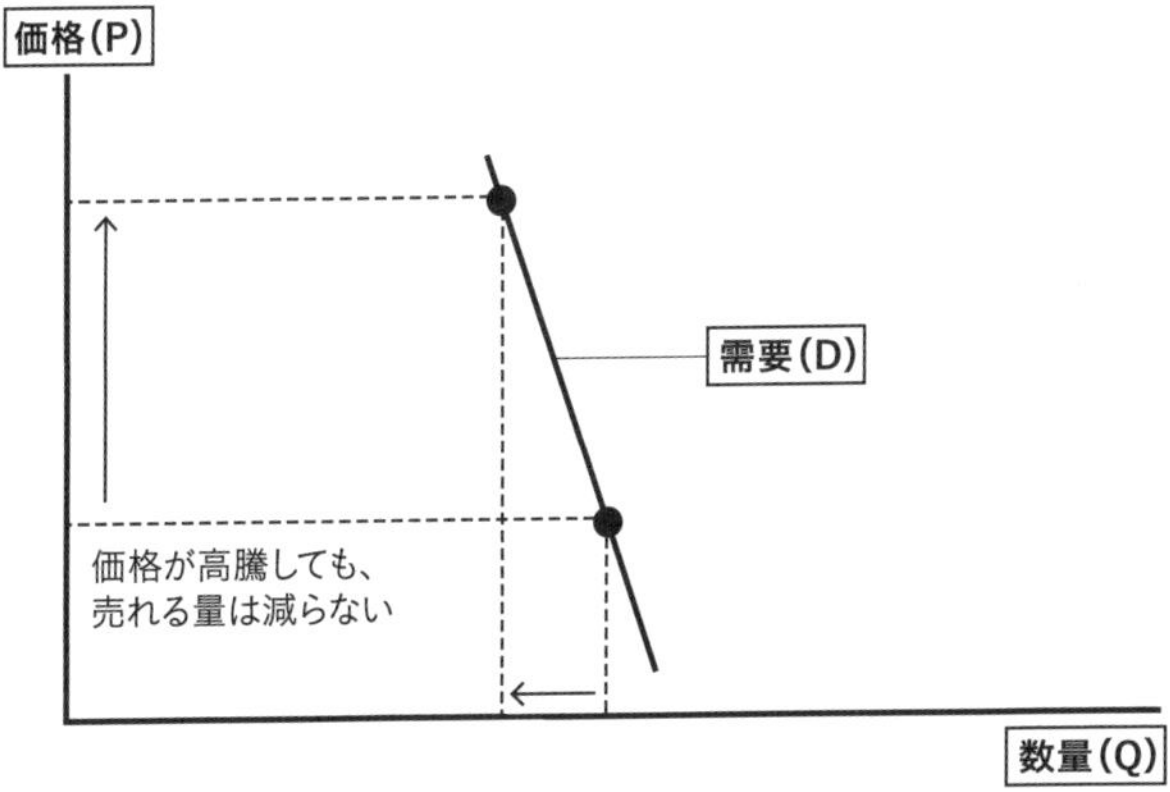

(編集部で作成)

c-2　**高い価格弾力性**

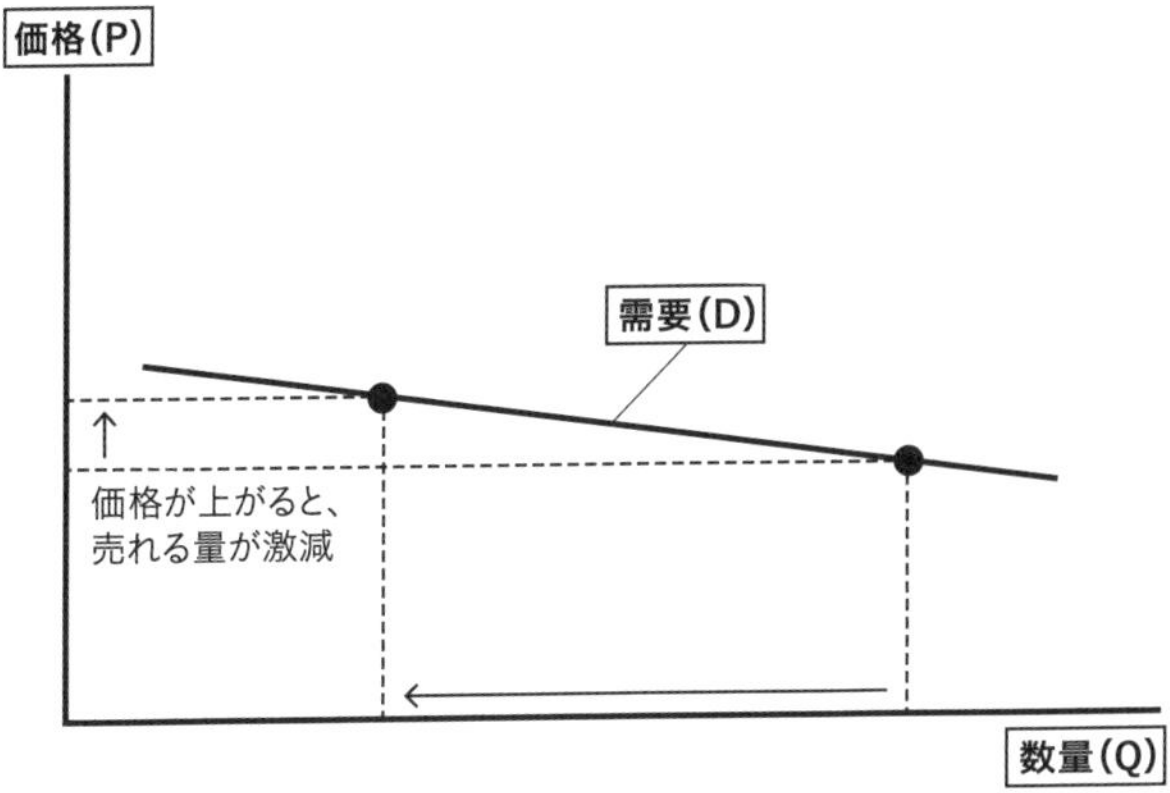

(編集部で作成)

ことが多い。しかし、天候や資材不足などによって生産量が変動することもあり、「需要曲線と供給曲線は原則として両方とも動く」ということになる。

供給量が動きにくい商品もある。土地や建物といった不動産は、工場で生産される工業製品とは違い事前の仕入れが必要なため、急激に供給量を増やしたり、減らしたりすることが難しい。ただし、金融政策の影響で需要が増加した場合には価格が急上昇したり、地盤がゆるいことが判明した場合には価格が急落したりするという特性がある。

また、農産物は作るのに時間がかかるため、需要が増えた分だけすぐに増産して市場に出すということは難しい。工業製品のように日持ちはせず、大量に作りだめしておくわけにはいかないから、収穫・出荷の時点で供給量がほぼ定まる。そのため、何らかの理由で需要が急に高まれば、価格が急上昇するケースもある。

不動産や農産物のような供給を増やしにくい商品だと、供給曲線は垂直に近くなる。

モノやサービスを市場に出す生産者（企業）側に目を向けると、生産者としては当然、なるべく高い価格で売りたい気持ちがある。だから、人気の高まり具合などをみながら価格と生産量を決めていく。

同じような商品を複数の競合企業が提供している場合、一般的には価格の均衡が生まれ

c-3　**完全競争下の需給**

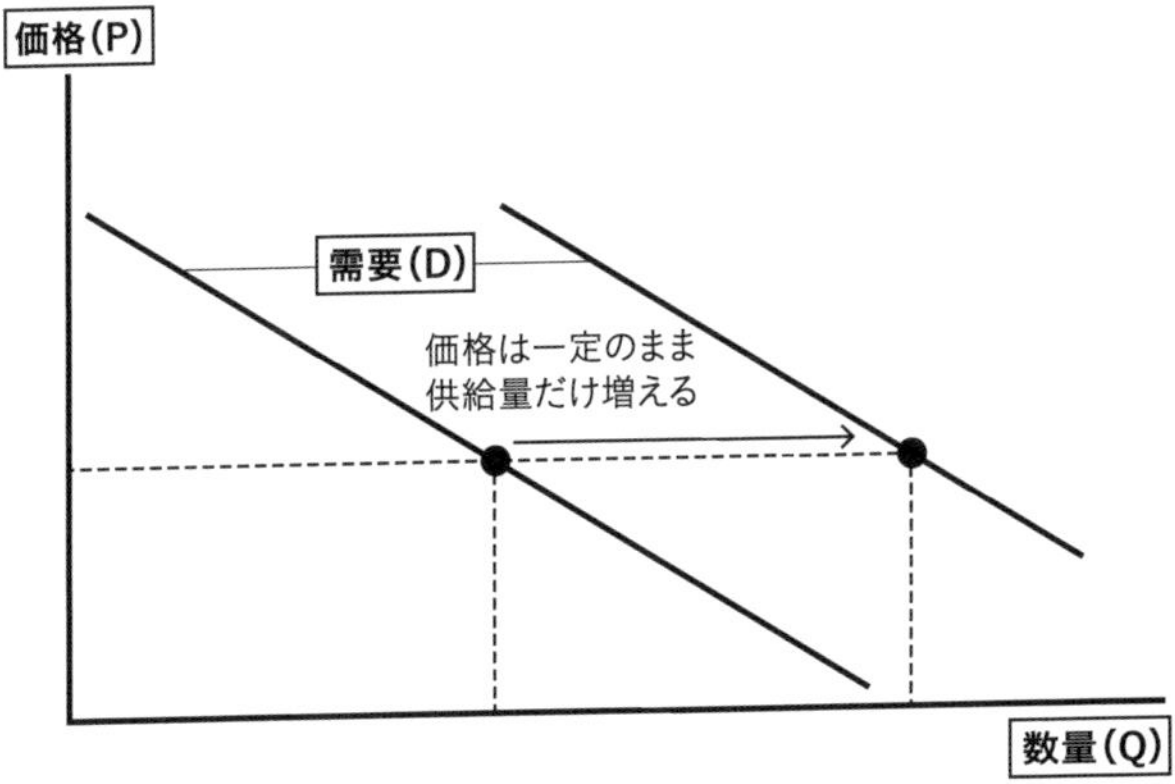

(編集部で作成)

る。消費者は安い商品を買うだろうから、同じような商品の価格はある一定のところに落ちつく。どの企業も同じような価格で売るようになるため、市場全体でみれば、需要供給曲線はほぼ一直線になる。

こうなると、自分たちがいくら供給量を増やそうとも、あるいは逆に減らそうとも、価格にはほとんど影響しなくなる。供給量は需要量に左右され、値段は変わらないまま供給量が増えるだけだ。こうした状態を、「完全競争」という（図ｃ－３）。

しかし、一社が商品を独占販売する場合、需要が高まったときに価格を上げることができ、独自に価格設定が可能だ。これが希少価値の高い「オンリーワン」で、企業はこうした商品開発にしのぎを削り、競争優位を築こうとしている。

「物価」はモノとカネの総量のバランス

ここまで、自分の身近な商品の価格を決めるメカニズムを知るため、ミクロ経済に焦点を当ててきた。

生活と経済は密接に関連しており、より理解を深めるためには、具体的な例をみながら考え方を身につけていくことが大切だ。

そのための便利なツールが需要供給曲線であり、これを使うことで世の中の様々な問題を新たな視点からみることができる。

ここからは、世の中全体の需給に焦点を当てるマクロ経済の視点からみていく。これを知っておけば、モノ（財・サービス）・ヒト（資本・労働）・カネ（株式・債券）の市場についても、より理解が深まる。

全体の需要を足し合わせたものが「総需要」（Aggregate demand）で、供給を足し合わせたものが「総供給」（Aggregate supply）である。

個々の商品の価格（個別物価）が需給によって左右されるように、世の中全体でも総需要と総供給によって物価（一般物価）が決定される。

つまり、総需要と総供給の変動が一般物価に影響を与え、一般物価が全体的かつ持続的に上がれば、「インフレーション」（インフレ）となり、逆に下がれば「デフレーション」（デフレ）になる。物価は総需要と総供給のバランスによって決まるのだ。

インフレは「お金の量が増えてモノの価値が上がった状態」であり、逆にデフレは「お金の量が減ってモノの価値が下がった状態」だ。このバランスは常に変動している。

これを「貨幣数量説」と呼び、基本的な経済理論の一つだ。

したがって、ある商品の価格だけをみて「値下げしたからデフレだ」と結論づけるのは誤りである。あくまで一般物価は全ての個別物価の平均値であり、特定の商品だけではなく、全体の動向を考慮する必要がある。

インフレには、「ディマンドプル」と呼ばれる総需要が増加するケースと、「コストプッシュ」と呼ばれる総供給が減少するケースがある。

ディマンドプルでは、総需要曲線が右にシフトする。「もっと買いたい」という方向に消費者マインドが傾き、商品がどんどん売れている好景気の状態を示す。

一方、コストプッシュだと総供給曲線が左にシフトする。簡単にいえば、モノを供給す

コストプッシュとディマンドプル

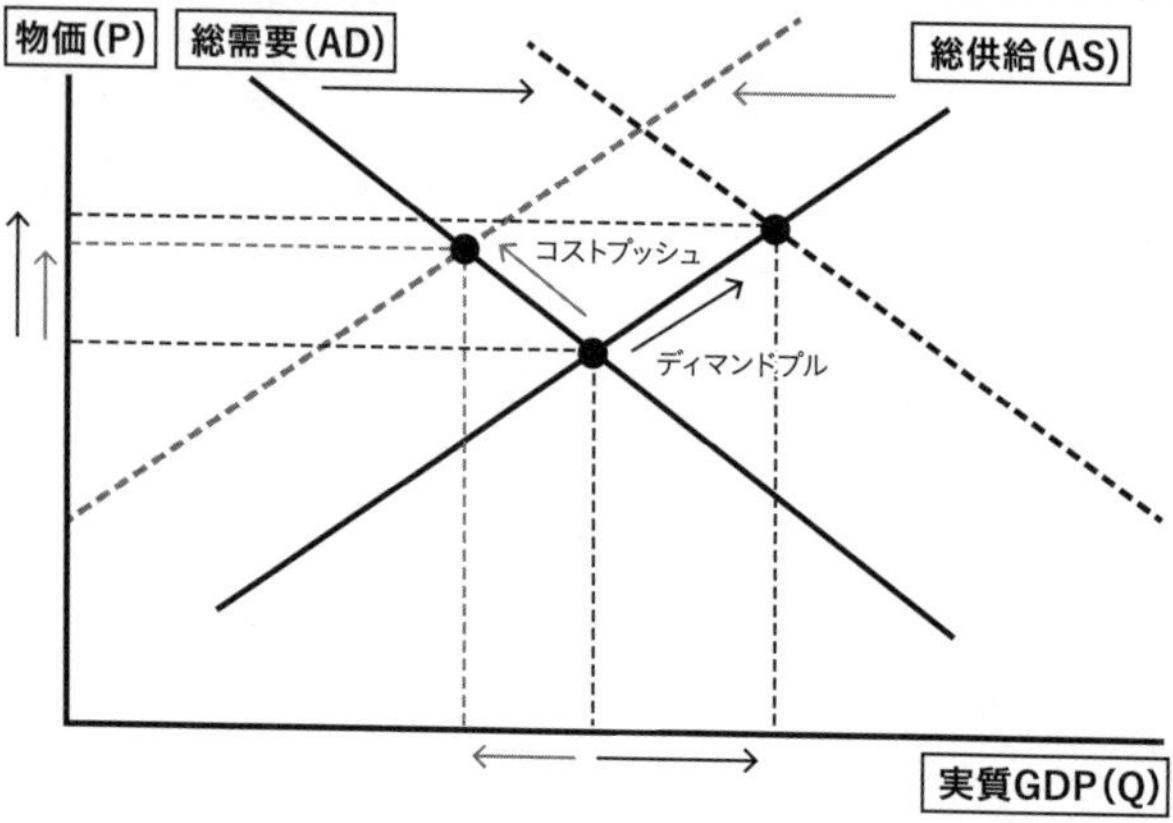

(編集部で作成)

るための原材料費や輸送費などのコストが上がり、生産量が圧迫(プッシュ)されてしまうのだ。

最近のインフレは海外からのコストプッシュ、特にエネルギーや食料品の原材料費の高騰が影響している。コストプッシュのインフレに関しては、何も対策を講じないままだと、消費者は物価上昇に悩まされる。

生産者もコストが高騰して、いい商品を製造することが難しくなり、製造しても高すぎて売れないという悪いサイクルに陥ってしまう。現在、日本のメーカーは商品を値上げせざるを得ない状況が続いている。

そこで、政府が経済政策を実施して景気を回復させる必要がある。

主な経済政策には、財政政策と金融政策がある。要するに、世の中に出回るお金の量をコントロールすることで、デフレに傾いたらインフレに、インフレに傾いたらデフレにするのが、政府・中央銀行の大事な仕事なのだ。

「利息」「利回り」と「金利」の違い

ここでは、お金を借りたり預けたりする際の、重要な概念である「金利」について解説したい。

金利と似たような用語に「利息」「利回り」などがある。またひと口に金利といっても「長期金利」「短期金利（政策金利）」「名目金利」「実質金利」「変動金利」「固定金利」「基準金利」「適用金利」といった様々なものがある。

利息や利回りという用語は、自分たちが持っている個別の金融商品について使う場合が多い。例えば、預金について「毎年受け取る利息が幾らだ」という。この場合、利息額もあれば、元本に対する割合の場合もある。また、債券については、利息の他に償還差益もあるので、それらを全て含めて、当初の投下資本に対する割合として利回りという。ちなみに、「利息」と「利回り」は英語でそれぞれ「interest」「yield」という。

なお金利は、個別商品も対象とするが、一般的な経済環境で使うことが多い。意味としては利息、利子と同じである。ちなみに、英語では「interest」である。

まず利回りとは、株式や債券などの金融商品の収益率を示す指標だ。投資家にとっての実質的なリターンを示す。株式などの配当をもとに計算される「配当利回り」、債券の利率をもとに計算される「クーポン利回り」など様々なかたちで計算され、投資の性格によって異なるタイプの利回りが存在する。

次に利息とは、お金を貸し借りした際に、その対価として発生する金銭のこと。通常は年単位で発生するもので、「利子」とも呼ばれる。

その利息（利子）がどれくらいの割合で発生するか、その利率が「金利」だ。仮に、100万円を借りて、1万円の返済利息が発生するなら、金利は1％という計算になる。

金利の計算方法には、利息が元本にのみ発生する単利と、利息が元本及びすでに発生している利息にも発生する複利の二つがある。

金利は信用リスクを表すこともある。貸し手はお金を貸す時に、借り手が資金を返済する確率を評価する。返済されないリスクが高いと評価された場合、通常は借り手に対する信用が低くなり、逆に金利は高くなる。

では次に、いろいろあってややこしい「金利」の違いについて説明する。先にいっておくと、長期金利、短期金利（政策金利）、名目金利、実質金利はマクロ経済的な視点の話であり、変動金利、固定金利、基準金利、適用金利はミクロ経済レベルの話だ。

まずは長期金利と短期金利からみていこう。

短期金利は、資金の貸し借りの期間（償還期間）が1年未満の適用金利のこと。これは政策金利とも呼ばれているが、その利率はだいたい日本銀行（日銀）が決めている。それができる理由は、日銀はお金を自由に刷ることができるからだ。

日銀が政策金利（短期金利）を決める目的は、基本的には景気対策だ。もっとも、日本に限らず、どの国の中央銀行も、経済の安定化やインフレ抑制といった目標を達成するために、政策金利を設定している。

例えば、金利が高いと、企業は返済利息（融資コスト）が増えるので、銀行からお金を借りなくなり、設備投資や新規事業にお金を回さなくなる。逆に金利が低いと、企業は融資を積極的に活用して、お金を回すようになるため、経済が活性化する。

また、長期金利とは、償還期間が1年以上の金利のこと。代表例では、政府が国民に借金をする時の債券「10年物国債」に適用されている金利だ。長期金利は、原則として将来

10年分（1年後、2年後、3年後……）の短期金利の平均で決まる。

長期金利にはレートがあり、将来は短期金利が上がるとマーケットが予想すれば、長期金利も上がるという仕組みだ。

しかし、2016年に日銀は「イールドカーブ・コントロール」を導入した。これによって日銀は、国債の売買オペにより、長期と短期両方の金利をある程度コントロールすることが可能になった。そのため、現在の長期金利は、単純に短期金利の平均とは言い難いことを押さえておきたい。

次に、名目金利と実質金利は、物価上昇率との関係からみた金利のことだ。

名目金利は、物価変動やインフレの影響を考慮しない金利であり、日銀が定める金利目標（政策金利）や銀行の貸出金利などがこれに該当する。

それに対して実質金利は名目金利から物価変動やインフレの影響を差し引いた金利で、より実情に即した金利を示している。そのため、経済への影響が大きいのは実質金利のほうだが、ここでは用語説明だけにとどめておく。

続いて、変動金利と固定金利についての説明だが、これらは住宅ローンなどを組む際に、債務者が選ぶ金利の返済プランだ。基本的にその利率は金融機関によって異なる。

その名の通り、変動金利とは、ローン返済期間中は市場に連動して金利が変化する形式となっている。

一方、固定金利は、変動せずに一定の金利が適用される形式であり、代表例に35年間住宅ローンの利率が固定の「フラット35」という融資プランがある。

基本的に、固定金利はその時々の長期金利になるが、変動金利は短期金利に連動する。

最後に、基準金利と適用金利について説明しよう。

まず基準金利は、金融機関が設定する基本的な金利水準で、店頭金利とも呼ばれる。通常、この基準金利は、中央銀行が設定する政策金利や市場の金利水準を参考に設定される。

ローンを組む際、規定の条件をクリアすれば、基準金利から一定の金利（優遇金利）が割引される。これが適用金利だ。例えば住宅ローンの場合、金融機関が債務者の信用リスクや融資期間などを考慮して、基準金利から優遇金利を引いたものが、最終的にローン契約の適用金利となる。

金利は経済においてきわめて重要な要素であり、中央銀行の政策や金融機関の対応、市場の状況によって日々変動する。

老後に退職金や余剰資金を使って、生活資金を増やすために投資をしたり、住み替えで住宅ローンの借り入れを検討したりする際には、現在の金利の状況について理解しておくことが、損をしないためには重要だ。

金利と景気の関係

政府や日銀の金融政策を理解するためには、金利に関する基本的なことを押さえておく必要がある。金利とは、要するに、お金を貸し借りする際に発生する見返りのようなものだと思っておけばいい。

ここで大事なポイントは、「世の中の金利とお金の量は常に表裏一体」であるということ。もしも金利が上昇すれば、お金の量は減少するし、金利が低下すれば、お金の量は増加する。金利とお金の量は密接に関連しており、互いに影響を及ぼし合っている。

これも需要供給曲線に当てはめてみればわかりやすい。需要と供給の原則は、金利とお金の量の関係にも使える。金利をP、お金（貨幣）の量をQとすると、需要曲線は「世の中のお金の需要」と置き換えられる。

商品を値下げすれば、需要が高まり供給量が増える。それと同じで、金利が下がると貨幣需要が増え、貨幣量も増加する。

金利と貨幣供給量の関係

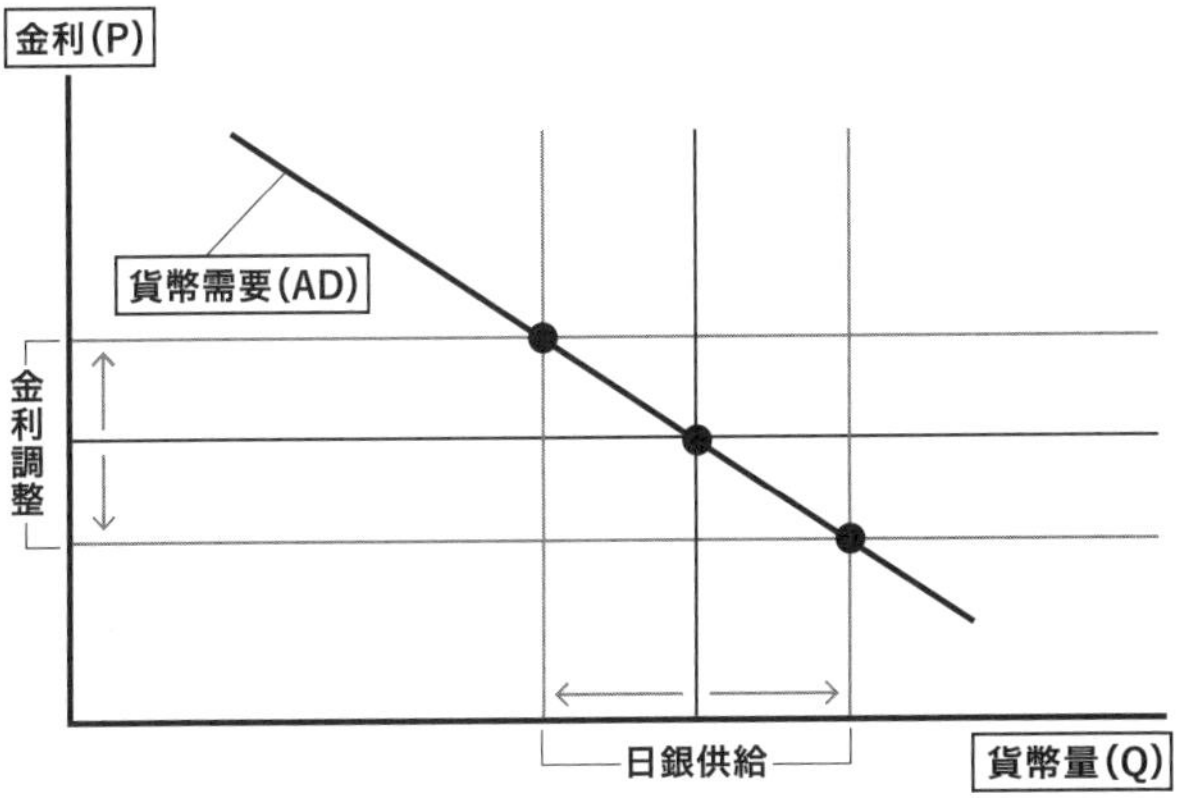

(編集部で作成)

具体的な例を挙げると、金利が低下すれば個人が住宅を購入したり、企業が設備投資に資金を投入したりする可能性が高まる。そのため、より多くの人々がお金を借りるようになり、結果として貨幣量が増加する。

日銀はこうしたことを考慮しながら、貨幣の発行量を調整する。といっても、日銀が貨幣需要を直接制御できるわけではない。あくまでも上図のように、金融政策によって需要曲線上を金利が上下するだけだ。

Ｐを動かせばＱが動く。それとは反対に、Ｑを動かすことでＰを動かす政策もある。それが上図で垂直に描いた「日銀供給」という部分だ。これはアプローチの仕方が違うだけで、結果は同じだ。

金融政策においては、中央銀行が決める政策金利が重要な要素となる。政策金利は名目金利であり、前述のように名目金利は物価上昇率（インフレ率）を考慮していない。

例えば、100円に1％の利子がついている場合、100円の価値が変動すれば、利子分の1円の価値も変動する。しかし、名目金利は単なる額面であり、貨幣価値の変動を正確に反映できないという問題がある。

これに対処するために、名目金利からインフレ率を引いた実質金利という考え方が登場した。名目金利が3％でインフレ率が2％の場合、実質金利は3％－2％＝1％ということになる。逆にデフレの場合、名目金利が3％でインフレ率がマイナス2％なら、実質金利は3％－（－2％）＝5％になる。

また、もし名目金利がゼロ％の場合、インフレ率が2％なら、実質金利は0％－2％＝マイナス2％で、これがいわゆるマイナス金利だ。もう少し詳しく述べると、マイナス金利とは「民間金融機関の日銀当座預金の名目金利がマイナスになる状態のこと」だ。

民間金融機関は日銀当座預金を保有し、「法定準備金」という積立金を置くことが義務づけられている。

日銀当座預金には、民間金融機関同士の取引、日銀と民間金融機関の取引、政府と民間金融機関の取引の決済口座という役割がある。また、民間金融機関は企業や個人からお金を預かっているが、それが引き落とされて工面する際の準備金という役割もある。

そのため、一定の金額が確保されていないと、必要なときに決済ができずに問題が生じるおそれがある。一方、法定準備預金を超える額は「超過準備」という扱いになる。

マイナス金利が導入されると、日銀当座預金の超過準備にかかる金利がマイナスとなる。そうなれば、逆に民間金融機関は日銀に利子を支払わなければならなくなる。それを避けるため、日銀当座預金から超過準備金を引き出して手元に置くかもしれない。

しかし、それこそが日銀の狙いなのだ。民間金融機関の手元資金が増えると、世の中にお金が回りやすくなり、経済が活性化する。日銀券（貨幣）の需要が高まり、それに応じて日銀は貨幣を増やすことになる。

ここでは、世の中の金利とお金の量は常に表裏一体ということを覚えておこう。

「雇用」創出のメカニズム

デフレで不景気になった場合、金利を下げるという金融政策が景気回復の方法の一つだ。そこでポイントになるのが、実質金利を下げるための「予想インフレ率」だ。

予想インフレ率を上げるには、「インフレターゲット」と「量的緩和」がカギとなる。

インフレターゲットは、「将来2％のインフレを目指す」といった宣言であり、これを達成するために必要な政策が金融緩和である。

わざわざ宣言する理由は、中央銀行が目標達成に向けて、どのような手段や政策をとるのか透明性をもたせるためだ。市場や一般の人々が中央銀行の方針を理解しやすくなり、中央銀行に対して責任を求めやすくなる。

こうした施策により、世の中の将来的なインフレへの期待が高まり、実質金利が引き下げられて経済が活性化に向かう契機となる。

これまで、日銀はインフレ率2％をインフレターゲットにしていたが、この目標の基準は「失業率」だ。景気が好転すれば、物価が上がり、それに伴いインフレ率も上昇する。その結果、雇用も増加していく。つまり、インフレ率が上がると失業率は低下する、という関係が成り立つ。

経済政策では、インフレ率と失業率を同時に考慮することが重要で、その関係を示すのが「フィリップス曲線」である。この曲線は、インフレ率と失業率が反比例の関係にあるという考え方を表している。要するに、インフレ率が低いと失業率が高くなり、逆にイン

マクロ政策・フィリップス曲線

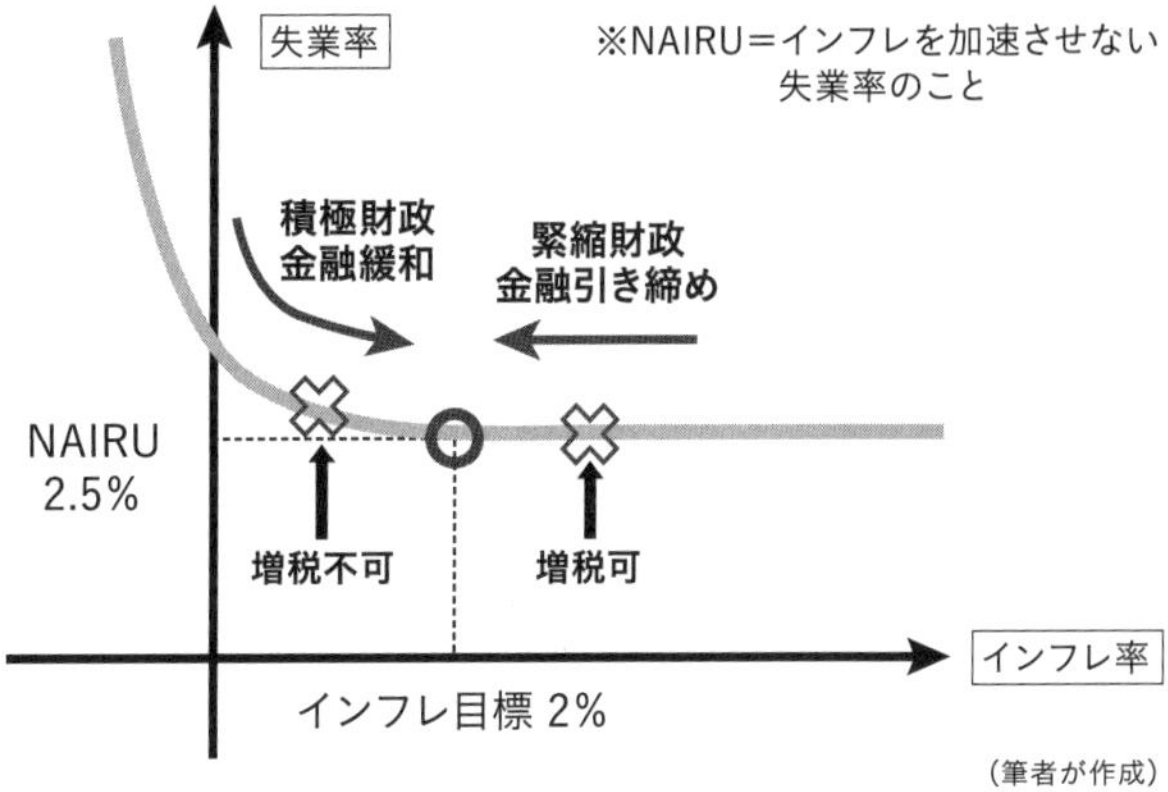

（筆者が作成）

フレ率が高いと失業率が低くなる。

ここで注意すべきなのは、「失業率はゼロにはならない」という点だ。この現象は「ＮＡＩＲＵ」（Non-Accelerating Inflation Rate of Unemployment）で説明できる。

ＮＡＩＲＵを簡単に説明すると、これ以上インフレが進まない失業率の下限のことで、日本ではおおよそ２・５％で下げ止まると考えられている。失業率が２・５％まで低下すると、景気はそれ以上改善しづらくなる。それで物価だけが上昇し続けると問題が生じるため、それ以上のインフレ率の上昇は避ける必要がある。

日本では、その目安としてインフレ率が２％に設定されている。失業率が下限に達するまで、金融緩和を続けるのがセオリーであり、それが2％のインフレターゲットの背後にある理由だ。

インフレが進みすぎると危険だが、本当に危険なのは、月次のインフレ率が50％超、もっとひどくなると年率1万％を超えるようなハイパーインフレや、お金の価値が日々下がり、売り手が価格を毎日書き換えなければならないような事態に陥ったときだ。

物価の急激な変動は社会的コストが大きいため、穏やかな変動が望ましい。例えば、インフレ率が年率5％程度までは問題ないし、2％なら社会的なコストが最小限でマイルドなインフレとなる。GDPに対しても1％程度に収められるだろう。

物価の上昇にはメリットもある。自社製品の価格が上がれば、それが賃金に反映されやすくなるからだ。実際、過去のデータをみると、賃金とインフレ率は高い相関関係にあり、インフレ時代は賃金の上がる傾向が強いことがわかる。逆にデフレ時代は、賃金の下がるケースが圧倒的に多かった。

また、「最低賃金を引き上げれば雇用は改善する」と勘違いしている人もいるが、それは経済政策としては悪手だ。これは雇用の経済学に関する話で、需要供給曲線を考えるとわかりやすい。

雇用の経済学

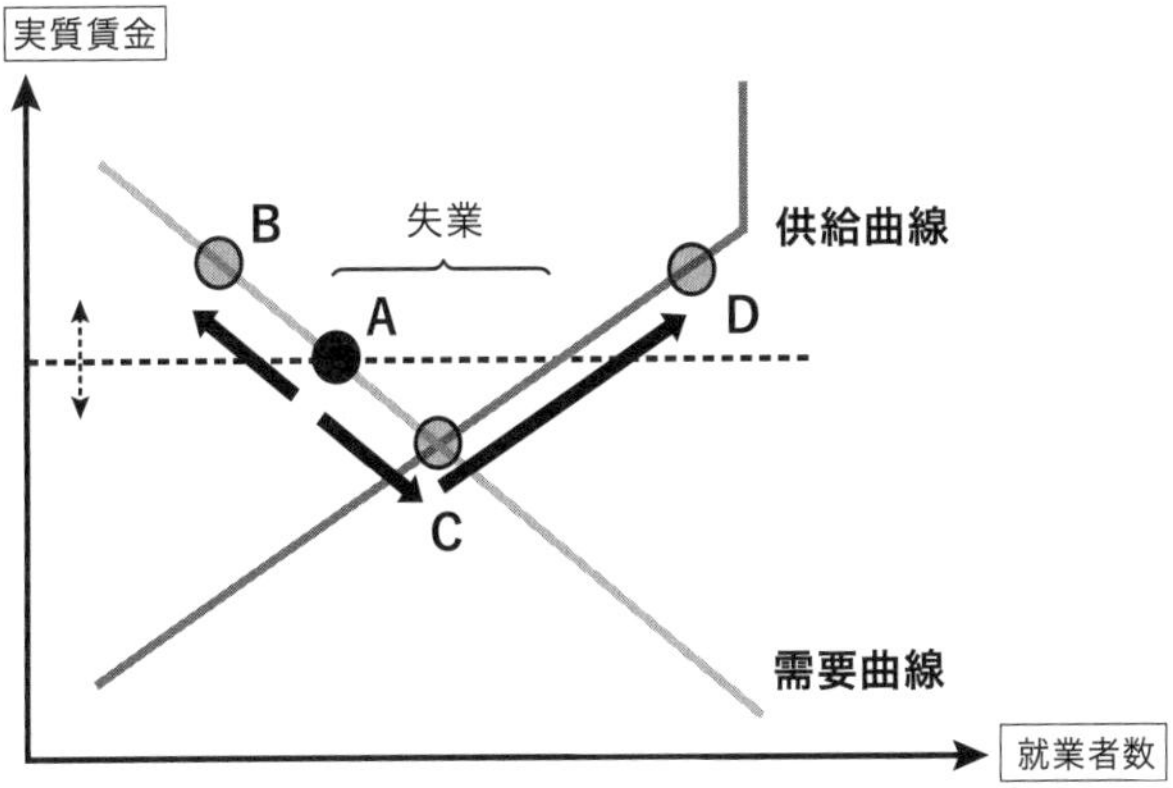

（筆者が作成）

上図のように、A点では労働需要が労働供給を上回っている。ここで強制的に実質賃金を引き上げると、A点はB点に移行し、失業率が上昇する。逆に実質賃金を下げれば、A点は最もバランスのとれたC点に移行し、その後、自然に実質賃金が上がり、就業者数も増加していくことになる。

もっとも、労働者の雇用や賃金の決定は各企業の判断に委ねられているから、個々の企業によっては例外もある。

いずれにせよ、経済政策次第で、雇用状況は良くもなれば悪くもなるのだ。

「為替」は円とドルの交換比率で決まる

次に、為替レートがどのように決まるかに

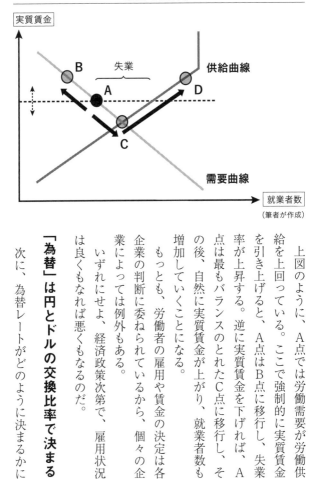

ついて説明しておこう。

為替は、ある国の通貨を他の国の通貨と交換する際のレートであり、「交換比率」とも呼ばれる。通常、通貨ペアは二つの通貨で構成され、基軸通貨（ベース通貨）とクォート通貨（カウンター通貨）がある。例えば、USD／JPYの場合、米ドルが基軸通貨で、日本円がクォート通貨となる。

為替レートはマネタリーベース（資金供給量）の比率で決まり、その説明だけで為替に関しては大部分を理解できる。マネタリーベースとは、世の中に流通している紙幣と貨幣、そして各金融機関が中央銀行に開設している当座預金残高の合計額だ。

米ドルのマネタリーベースが1兆ドルで、日本円のそれが100兆円だとしよう。100兆円を1兆ドルで割ると、1ドル100円という交換比率になる。

もしも、米国のマネタリーベースが金融引き締めで0・5兆ドルまで減少すると、1ドル200円になる。これが「円安ドル高」で、円が多くドルが少ない状態だ。

要するに、為替は国家間の通貨の総量比率によって決まり、その原理はとても簡単だ。円ドルの為替動向を予測するためには、日本円のマネタリーベースに対する米ドルのマネタリーベースの変動を予測すればいい。

物価は、モノとお金のバランスで決まると説明したが、ドルと円も同じように考えれば理解しやすい。

日銀が量的緩和を行えば円が増え、ドルに対して円が多くなり、円の価値が下がるため円安となる。すると、エクセレントカンパニーは輸出しやすくなり、利益を出しやすくなる。そのため、金融緩和は、円安に振り向ける政策といってもいいだろう。

ただし、こうした話は長期的な視点からみた場合であり、短期的な為替変動はランダムで予測が難しい。正しく予測できる人は、もはや超能力者に等しい。

短期的な為替レートは、通貨の需要と供給がカギだ。ニュースで「円に買い注文が殺到して円が高騰した」なんて話をきくが、実際に誰かがドルの札束で円の札束を買っているわけではない。要するにこれは「ドルを円に替えて、円建ての資産を買っている」ということを指している。

この円建て資産のほとんどは国債だ。具体的には、米国債を売却して日本国債を購入することが、ドルを売却して円を購入する行為につながる。

したがって日々の為替変動は、ドル建てと円建ての資産がどれだけ売り買いされているのかのバランスで決まると考えればいい。為替も需要供給曲線の応用で理解できる。

為替のメカニズム

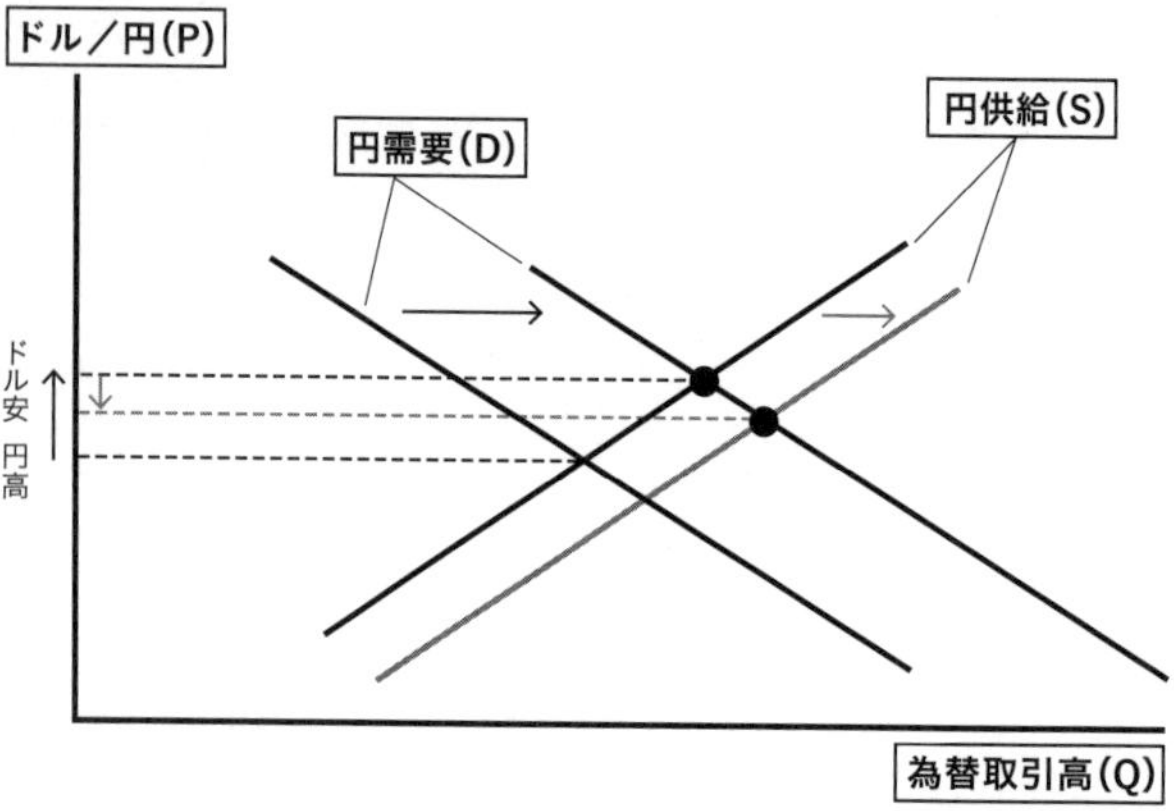

（編集部で作成）

この場合、ドル／円がP、為替取引高がQになる。円の需要が増えれば、円の需要曲線が右にシフトして相対的に円の価値が上がり、円高ドル安の状態になる。

為替市場では、各通貨への需要が日々ランダムに変動するため、需要曲線が供給曲線よりも細かく揺れやすい。そして、左右どちらに振れるかには特定の法則がないため、短期的な為替予測は難しいのだ。

供給曲線が動くのは、中央銀行が金融政策を行った場合だ。例えば、金融緩和を実行すれば、供給曲線が右にシフトして円高を和らげることがある。

政府は、自国通貨を理想的な為替水準に保つため、他国の国債を大量に買ったり売ったりすることがある。これを「為替介入」と呼ぶ。

ここまで聞いてわかるように、為替はあくまで経済原理によって決まるものだ。しかし、一部のマスコミやコメンテーターは、「円安が日本の国力低下につながる」（＝円高こそ国力増強につながる）という意味不明な主張を展開することがある。

為替は「1ドルいくら」というかたちで、明確に数字で示されるし、みんなが「1ドルいくら」と同じように答えられる。その意味では定量的かつ客観的だ。

一方、国力という概念は、明確な数字で表されず、人によって異なる捉え方があり、定性的かつ主観的なものといえる。

そのため、まったく異なる性質の為替と国力を論理的に結びつけることはできない。

百歩譲って、もし「国力＝GDP」と無理やり定義づけたとしても、GDPを押し上げるのは、円高ではなくて「円安」のほうだ。

その意味では、「円安＝国力低下」という言説は二重の意味で間違えている。

「円高」よりも「円安」のほうがいい

近年、長らく円安基調が続いている。1ドル150円に到達したとき、マスコミは大騒ぎして円安が悪いという論調（悪い円安論）を展開していた。これは世論の不安を煽りたいマスコミの都合なのかもしれないが、こうした言説は経済に対する理解度が不足しているといわざるを得ない。

自国通貨安は「近隣窮乏化政策」といわれている。通常、自国通貨が安くなると、国内産業の国際競争力が向上して輸出が増加する。一方、相手国は逆に国際競争力が低下して輸出が減少し、失業が増えることがある。そのため、自国通貨安は近隣諸国の窮乏につながるという意味で、近隣窮乏化政策と呼ばれているのだ。

もっとも、昨今の円安は日本が不当な為替操作をして、相手国（米国）に不利益をもた

為替競争力と経済成長率の関係　　単位：%

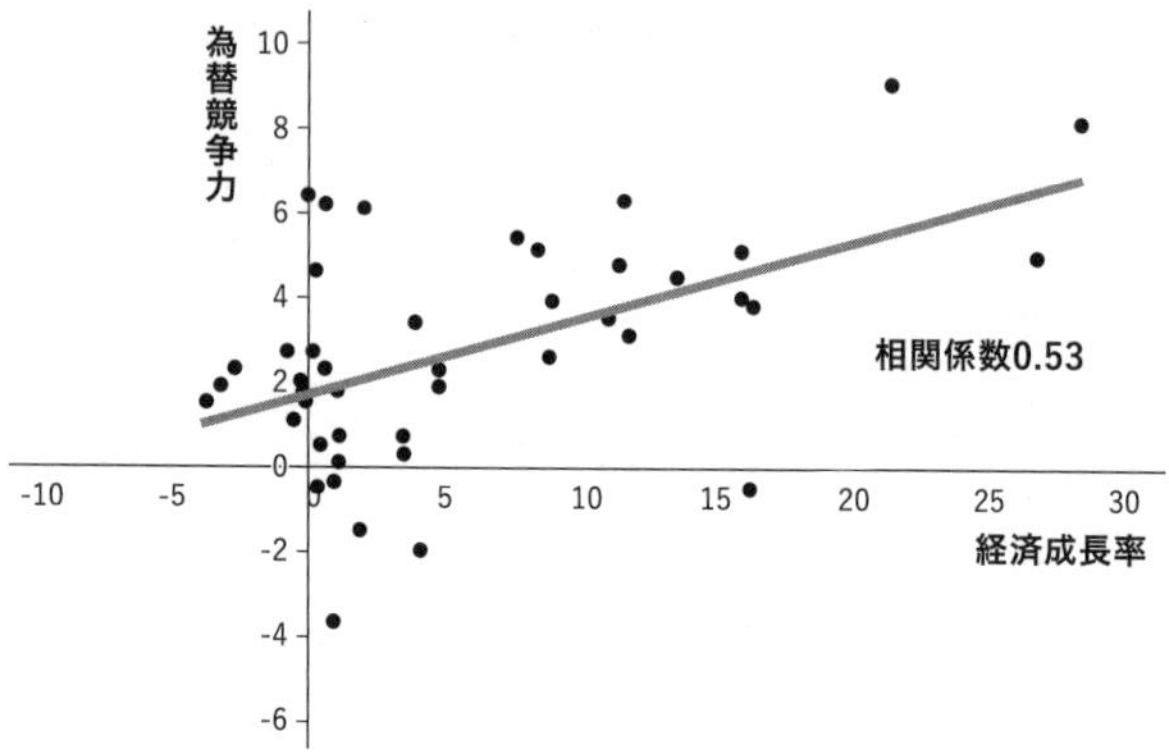

（日本銀行、FRB、内閣府資料より筆者が作成）

らせようと誘導しているわけではない。為替の変動は、あくまで日米両国の中央銀行が、それぞれのインフレ目標に沿って行っている金融政策の結果にすぎないのだ。

円安になれば、輸出主導の大企業は有利になるが、輸入主導の中小企業には不利だ。しかし、全体としてみれば、円安は自国にプラス効果をもたらす。

ここで、序章で学んだ散布図の出番だが、縦軸に為替競争力、横軸にＧＤＰ成長率を置いて相関係数をみると、０・53と正の相関を示している。また、経済協力開発機構（ＯＥＣＤ）の経済モデルでも、円安が10％進むと１～３年以内にＧＤＰが０・４～１・２％増加することが証明されている。

どの国でも輸出依存度にかかわらず、自国通貨安はＧＤＰを押し上げる要因となる。そのため、海外からの批判はまだ理解できるとしても、国内で円安を批判するのは国益に反する行為といえるだろう。

円安のメリットを最も享受しているのは、実は日本政府だ。外国為替相場の安定のために設けられた「外国為替資金特別会計」により、国が海外に保有している「対外純資産」（資産から負債を除いたもの）は、１９９０年末には44兆円だったが、円安の影響もあって２０２１年末には４１１兆円まで増えた。

外貨債を保有する日本は、いわば1～2％程度の「成長ゲタ」を履いている状態であり、円安好況によって、日本政府は最大の利益享受者となったのだ。

マスコミはしばしば、マクロ経済的視点を欠いており、ミクロ経済に焦点を当てて「円安は悪い」という印象を操作することがある。

たしかに、輸入比率が高い中小企業にとっては逆風かもしれないが、輸出比率が大きい大企業にとっては追い風であり、これがＧＤＰや税収増に寄与しているのだ。

少しさかのぼるが、円高時代の経済状況がどうだったか、思い出してみてほしい。

２００８年のリーマンショック後、先進各国は金融緩和による景気回復を目指した。しかし、当時の日本は民主党政権下で、円高が進行するも金融緩和政策をとらず、これが景気回復の妨げとなった。その結果、日本の経済成長率は低下し、先進国の中でも最低水準となってしまった。

２０１１年10月末の時点では1ドル75円台、日経平均株価は８９８８円だった。翌年末に安倍政権が発足、金融緩和政策により円安が進み、２０２３年12月28日には1ドル１４４円、日経平均株価は3万３４６４円に達した。

円高と円安、どちらのほうがいいか、その差は歴然としている。このメカニズムを理解していれば、「円高のほうがいい」という結論には決してならない。

賃金についても同様だ。円高になって実質賃金が低下すると、国内景気が悪化して「失われた20年」といわれるような状況に陥る。賃金を上げる最適な政策は、まずは雇用を増やして、失業率を下げることだ。これによって人手不足が生じて名目賃金が上昇し、その結果、物価も上がり実質賃金も上昇していく。

「貿易」論の正しい理解

為替についての話が進んだので、次に貿易についても簡単に説明しよう。なぜなら、日本では主に三つの誤った貿易に関する考え方が広まっているからだ。

一つめは「日本は貿易立国である」という誤解だ。これは次のページにある、総務省統計局発表の世界主要国の輸出・輸入依存度のデータを比較すればすぐにわかる。日本の輸出依存度も輸入依存度も10％程度で、他の国々と比べて低い。

もしかしたら、シニア層の読者が若いころに学んだときは、一時的に貿易立国だったかもしれないが、現在はそうではない。

こうした誤解が広まったのは、戦後のリベラル教育が影響している。貿易は安全保障と

主要国の輸出入依存度

単位：%

国名	輸出依存度					輸入依存度				
	13年	14年	15年	16年	17年	13年	14年	15年	16年	17年
日本	13.9	14.2	14.2	13.1	14.3	16.1	16.7	14.8	12.3	13.8
中国	22.9	22.2	20.4	19.1	18.9	20.2	18.6	15.0	14.2	15.3
韓国	40.8	38.6	35.9	33.0	35.3	37.6	35.4	29.8	27.1	29.4
米国	9.4	9.3	8.2	7.8	7.9	13.9	13.8	12.7	12.0	12.3
ドイツ	38.4	38.3	39.3	38.4	39.2	31.4	30.9	31.2	30.4	31.5
フランス	20.7	20.4	20.8	20.4	20.7	24.3	23.8	23.6	23.2	24.1
イギリス	17.4	15.8	15.2	15.2	16.6	23.5	21.9	21.4	22.0	23.3
オランダ	77.5	76.4	75.2	73.4	78.9	68.0	66.9	67.6	64.5	69.5
ベルギー	89.8	88.2	85.8	83.6	85.4	86.6	84.7	81.3	79.7	81.2

（総務省統計局「世界の統計2022」より）

関連して、平和論とも結びつきやすい。おそらくは「各国は貿易・投資で相互依存の関係にあるため、貿易は世界の平和に寄与している」というような考え方だろう。

二つめは、「貿易黒字のほうが得で、貿易赤字は損である」という誤解だ。

貿易赤字は、輸出よりも輸入が多い状態を指す。したがって、輸入が多いと当然、貿易赤字になる。日本の商社は輸入が多いため、貿易赤字の要因といえる。

だが、輸入を増やしている商社が日本経済に悪影響を及ぼしているかというと、決してそうではない。そう考えると、この論理が不正確だと気づくはずだ。こうした言説は「赤字が悪い」という印象論に基づくもので、

経済常収支対GDP比と実質GDP成長率の関係　単位：%

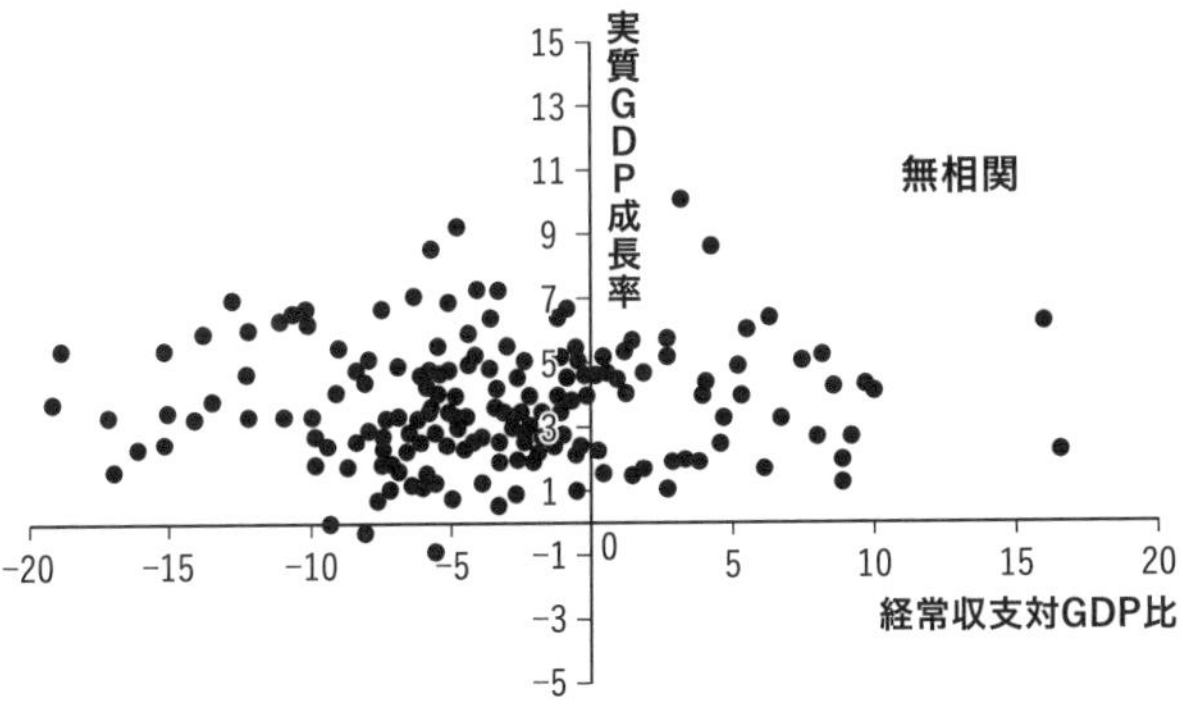

（筆者が作成）

「輸出＝善、輸入＝悪」というそもそもの前提が間違っているのだ。

実際には、世界の半分の国が貿易黒字で、半分が貿易赤字ということになるが、何の問題も起きていない。貿易赤字になれば支払い代金は大きくなるが、借り入れをすれば済んでしまう話だからだ。

上図は、GDPに対する貿易収支の比率を横軸に、経済成長率を縦軸にとって、ある年の200カ国くらいのデータを落とし込んだ散布図だ。もし縦軸と横軸に相関があれば、右肩上がりにドットが集まるが、ここでは散在していることがわかる。つまり、両者には相関性がないということだ。

したがって、貿易収支が赤字でも黒字でも、

貿易自由化の経済学

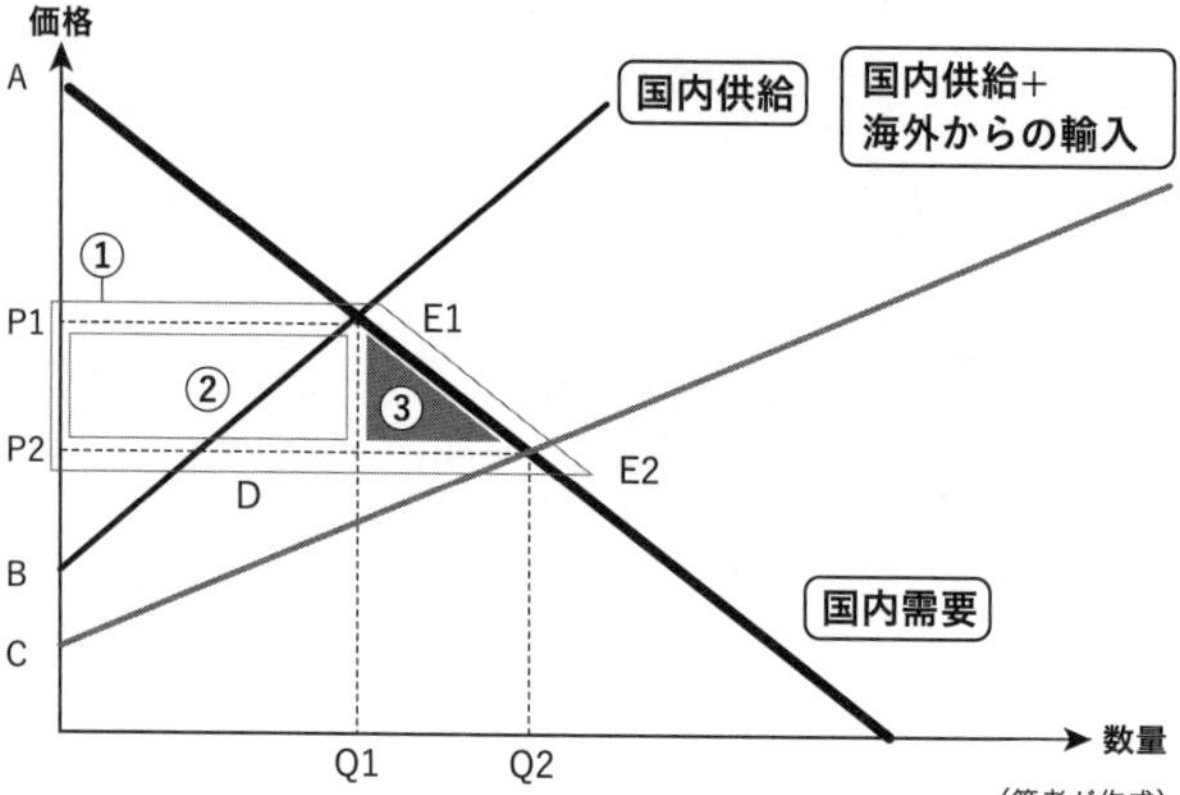

（筆者が作成）

経済成長率には何ら関係ないといえる。

三つめは、「自由貿易で損をする」というウソだ。自由貿易は、原則として関税を撤廃して輸出入を行う協定を指す。2018年に署名された環太平洋経済連携協定（TPP）がその一例だ。TPPにはオーストラリア、ブルネイ、カナダ、チリ、日本、マレーシア、メキシコ、ニュージーランド、ペルー、シンガポール、ベトナムの合計11カ国が加盟している（米国は2017年に離脱）。

自由貿易協定の締結によって、輸出業者と消費者はメリットを享受できる。その一方で、輸入業者と国内生産者はデメリットを被るため、反対の声もある。しかし、貿易自由化における経済学的観点からは、メリットがデメリットを上回ると考えられている。

右図のように、自由貿易締結によって、増加する消費者の利益（消費者余剰台形①）は、減少する国内生産者の利益（生産者余剰台形②）よりも、三角形③の分だけ大きくなる。もっとも、これは消費者から生産者への利益の再分配を前提としており、後者への配慮が必要なことは言うまでもない。

また、当時の内閣府の試算でも、ＴＰＰ締結によって「おおむね10年間で実質ＧＤＰが３兆円増加する」とされていた。

ＴＰＰ反対派が最も心配していたのは、米国に有利な貿易を強いられることであり、その代表例が協定に盛り込まれたＩＳＤ条項（国家対投資家の紛争処理事項）だった。

たしかに、世界ではこの条項に基づく訴訟が多発しているが、訴えられる国々は国内法制が整っていない途上国が主だ。またＩＳＤ条項は、投資家や企業が国外で投資を行う際に、相手国から不平等な扱いを受けないようにするための決め事であるため、少なくとも日本のような先進国には有利に機能する。

「少子化」と「人口減少」の経済的影響

少子化が進む日本では、今後ますます労働力が減少していき、日本経済は衰退の一途をたどる。そういうネガティブな未来像が描かれた言説は多い。シニア層の読者の中にも、日本の未来を憂慮している人がいるかもしれないが、それはまったくの杞憂だ。

まず、少子化問題に関していえば、２０２３年６月の厚生労働省発表のデータによると、２０２２年の出生率は１・26で過去最低の数字だった。

政府は、これ以上人口を減少させないために、最低でも１・８の出生率を目標としている。だが、この数字は現実的ではない。なぜなら、これは出産を希望する女性が全員出産できた場合に達成される数字だからだ。出生率が1を切ることはきわめて稀であり、実質１・５くらいでも問題はないとされている。

そもそも、少子化対策をどれだけ考えても、最終的には「男女が子どもを産むかどうか」の問題に帰結される。価値観の異なる人たちに対して、同じ政策を一律に実施してもうまくいくはずがない。

では、このまま少子化が進んで人口が減少したとして、いったい何が問題なのだろうか。

d-1

先進国の人口増減率と一人当たりのGDP成長率

単位：％

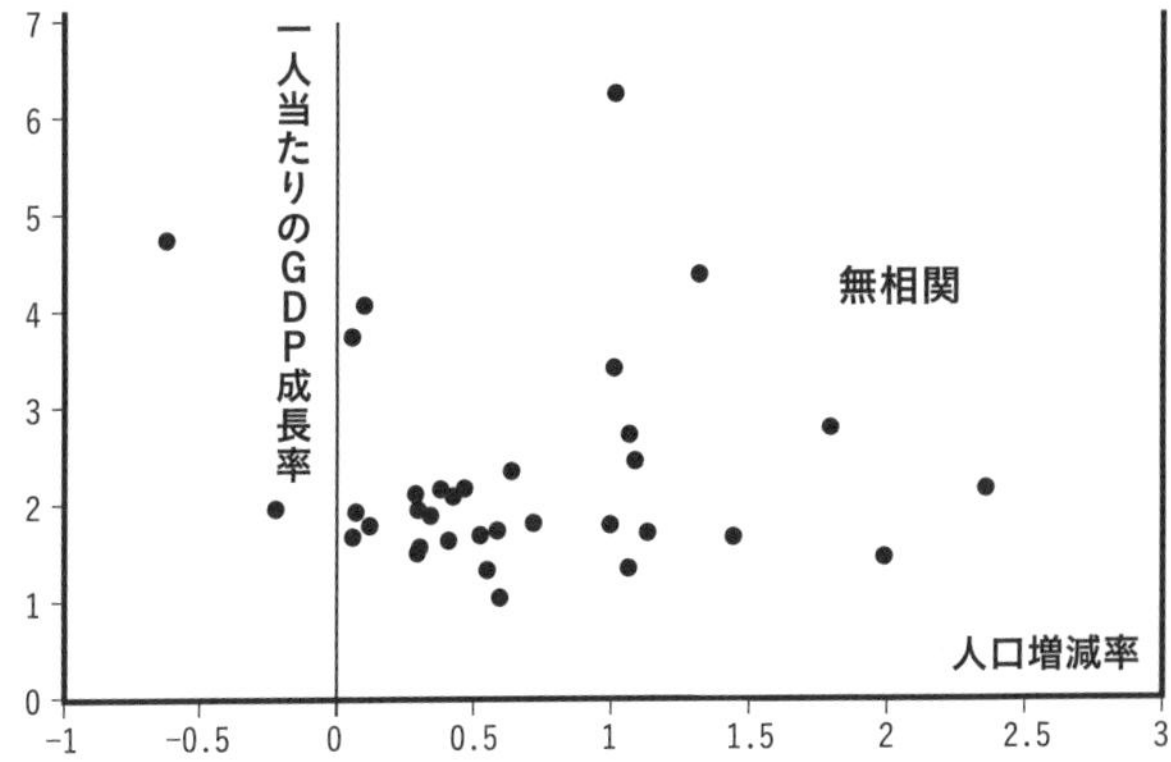

（筆者が作成）

d-2

世界の人口増減率と一人当たりのGDP成長率

単位：％

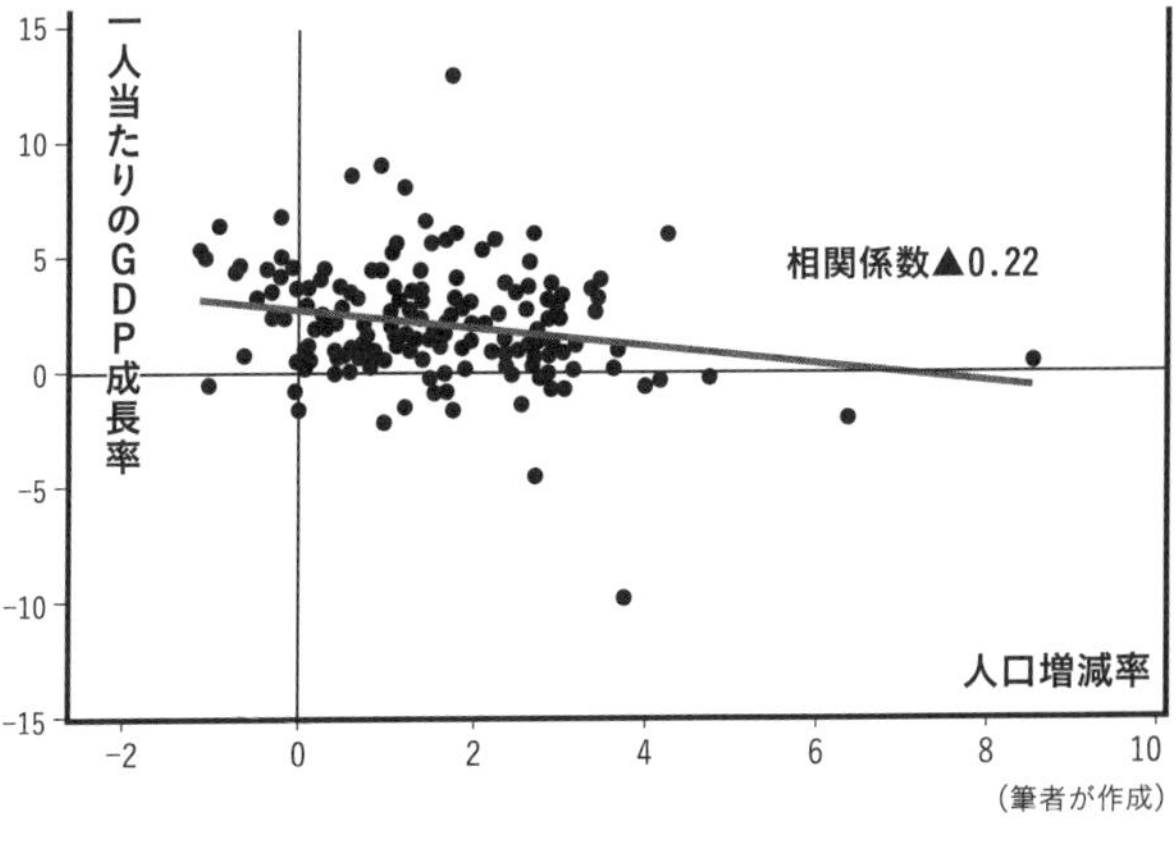

（筆者が作成）

人口減少は危機的状態だと騒ぐ人たちの口からは、よく「人口が減ればGDPが減少して、日本が貧しくなる」という言説を耳にするが、筆者にはその意味がまったく理解できない。

GDPとは、国民の平均給与と総人口を掛け算したものだ。そのため、経済対策によって平均給与が上がれば、いくらでもGDPは増やすことができる。それに、筆者が計算したところ、仮に人口が8700万人にまで減ったとしても、GDP全体に与える影響は最大で0・7%程度。そんなレベルの話だ。

一人当たりのGDPでも同じようなことがいえる。図d-1は、先進国における人口増減率と一人当たりGDP成長率の散布図だが、ほとんど相関がみられない。

むしろ世界全体でみると、人口増加のほうが問題だ。図d-2では、試しに世界208カ国の2000～2017年の平均人口増加率を横軸に、平均一人当たりのGDP成長率を縦軸にとってみた。すると、相関係数はマイナス0・22となり、右下がりのグラフになる。つまり、人口が増えるほど国民が貧しくなるのだ。

いずれにせよ、日本にとって人口問題は単なる杞憂にすぎない。

「金融政策」と「財政政策」の両輪が必要

経済政策には大きく二つある。政府が設定したインフレ目標に基づいて日銀が行う「金融政策」と、政府自らが行う「財政政策」である。

マクロ経済学的にいえば、経済全体の底上げを目指す場合、日銀の金融政策を優先したほうがいい。政府が財政政策を行う場合でも、まずは金融政策を先行させようというのが、筆者の基本的な考え方だ。

これは、リーマンショック以降の世界各国の経済政策をみても明らかで、正しい金融政策を先行させ、その後に補助的な財政政策を講じた国が、景気回復のきっかけをつかんだ。

両者の違いをもう少し説明すると、金融政策は金利や市場に回るお金の量を調整する政策であり、財政政策は税金（歳入）や公共投資（歳出）を調整する政策だ。

公共投資は雇用を生み出すメリットがあるものの、特定の業界に偏る不公平さが出たり、官僚と業界の癒着を招いたりするデメリットもある。そのため、公共投資は慎重に行う必要があり、本当に効果がある事業に絞ることが重要だ。

それを判断するためには、投資に見合うリターンがあるかどうかを「コスト・ベネフィ

e-1 マンデル=フレミングモデル

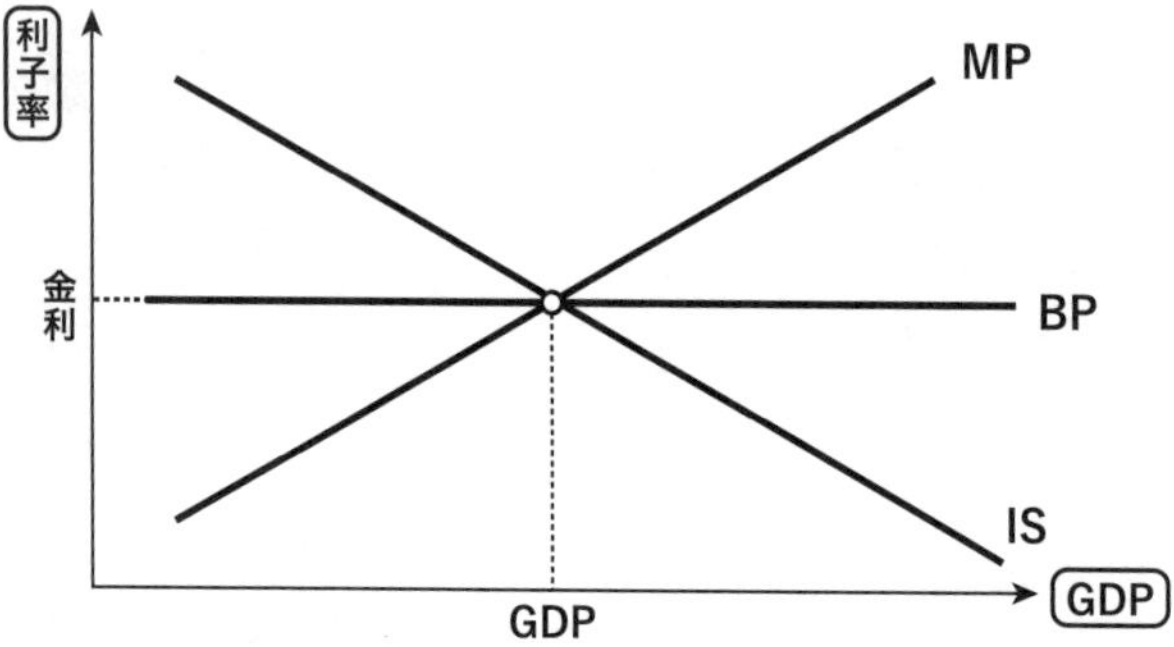

（編集部で作成）

ット分析」（費用便益分析）という手法で評価すればいい。

しかし、もしリターンが見込める公共投資であっても、やはり金融政策を先行させるべきという考え方は変わらない。

なぜなら、公共投資により金利が上昇し、円高を誘発してしまうおそれがあるからだ。円高が日本経済にマイナスの影響を及ぼすことはすでに説明した。

単独で行う財政政策には効果がないというのは、「マンデル＝フレミングモデル」という経済理論でも証明されている。これは大学院で学ぶレベルの知識だ。

このモデルは、「ＩＳ曲線」「ＭＰ曲線」「ＢＰ曲線」という三つの曲線で表される（図ｅ－１）。

e-2　マンデル＝フレミングモデル（財政政策のみ行ったケース）

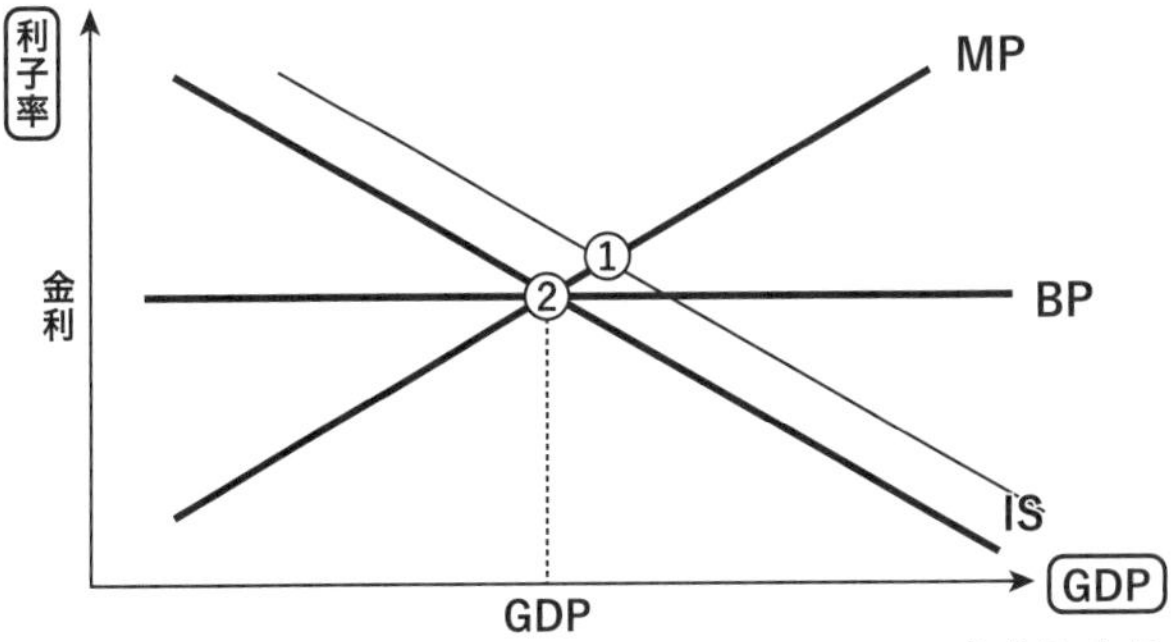

（編集部で作成）

ＩＳとは投資（Investment）と貯蓄（Saving）のことで、ＩＳ曲線は実物市場の均衡を表している。モノやサービスの市場で総需要と総供給が均衡するような利子率と国民所得の組み合わせを表し、右下がりになる。なぜなら、金利が高いほど投資が減り、ＧＤＰが縮小するためだ。逆に、金利が低いほど投資が増え、ＧＤＰも増加する。

対して、ＭＰとは金融政策（Monetary Policy）のことで、ＭＰ曲線は金融政策ルールを表している。経済が過熱するとインフレが起こり、日銀がインフレを抑制するため金利を上げる傾向にあるため、右上がりになる。

ＢＰとは国際収支統計（Balance of Payments）のことで、ＢＰ曲線は、国際収支が均衡している状態の国民所得と利子率の組み合わせを表してい

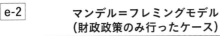

e-3 マンデル＝フレミングモデル（金融政策のみを行ったケース）

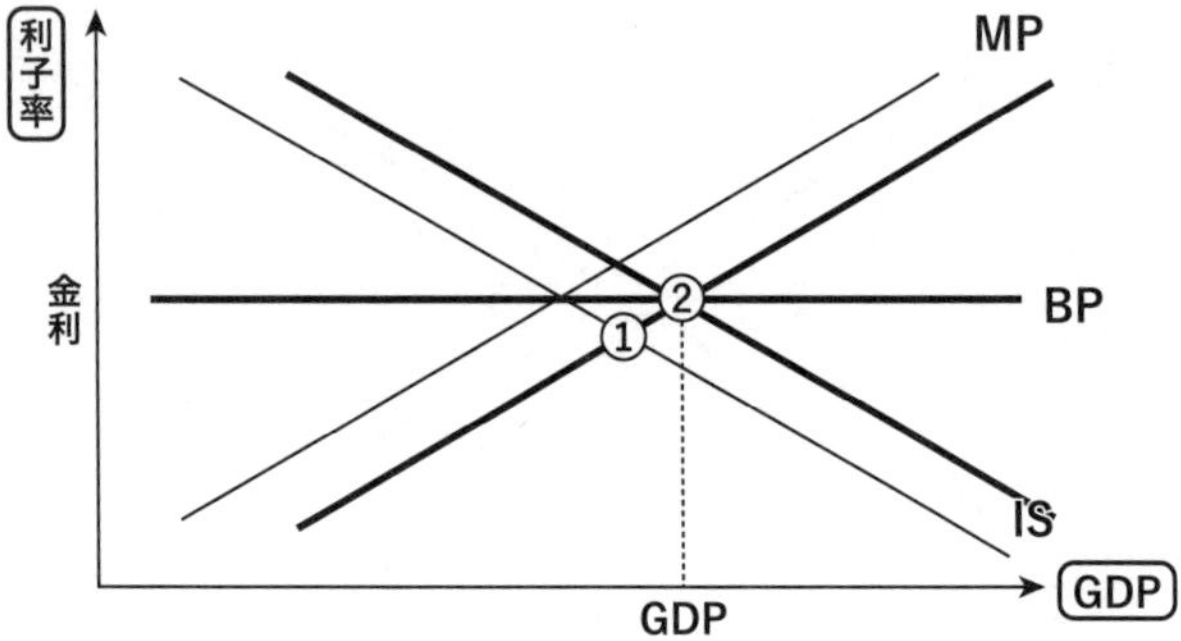

（編集部で作成）

e-4 マンデル＝フレミングモデル（金融政策と財政政策の両方を行ったケース）

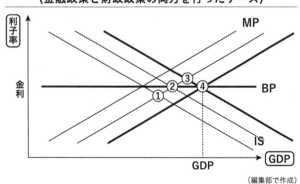

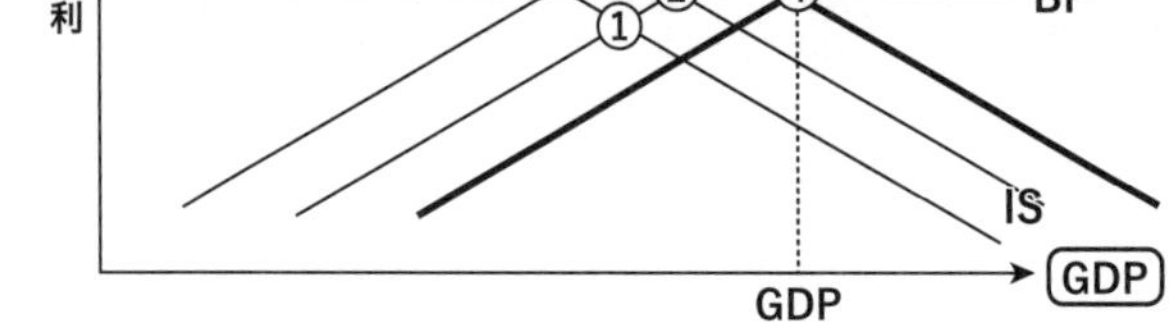

（編集部で作成）

る。世界の金利に国内の金利が収束するため、ほぼ水平に位置するのが特徴だ。

これら三つの曲線の交点をたどると、下がＧＤＰ、左が金利になる。金融政策と財政政策それぞれを行うと、曲線がどう動いて、どんな経済効果があるのかを見てみよう。

図ｅ－２は財政政策だけを行ったモデルだが、この場合ＩＳ曲線が少し右にずれることにより、ＭＰ曲線との交点が右上に移動する（①）。つまり、ＧＤＰは増加するが金利も上がる。日本は変動相場制を採用しているため、金利が上がると円高になり、輸出が減少する。その結果、ＩＳ曲線が左に押し戻されてＧＤＰが減少し、曲線の交点も元の位置に戻ってしまう（②）。

こうした事実は、財政出動派にとっては不都合だ。そのため、財政政策だけを行えばいいと主張する人たちは、自分たちのロジックを否定してしまうマンデル＝フレミングモデルに触れることを避けている。

次に、金融政策のみを行ったケースが、図ｅ－３だ。金利が下がってＧＤＰが増えるため、ＭＰ曲線は右に移動し、交点は少し右下へいく（①）。金利が下がると円安になり輸出が増えるため、ＩＳ曲線は右に移動する。その結果、金利が元の水準に戻っても、ＧＤＰだけが増加する状態が続く（②）。

金融政策のみでも経済はかなり改善されるが、財政政策との合わせ技で政策を実行するとどうなるのか。それが図e－4である。

最初に金融政策を行うと、金利が下がりGDPが増加して、MP曲線が右にずれて交点が①にくる。その後、円安になり金利が戻ることで、交点が②へ移動。そこから財政政策を行うとIS曲線が右に移動し、交点は③に。さらに金融緩和を実施すると、MP曲線は右へ移り、交点④に落ち着く。つまり、GDPが増加しつつ金利が低下した状態が続き、経済は大幅に改善される。

経済成長を実現させるには、正しい財政政策と金融政策の両輪が必要なのだ。

「リフレ派」「MMT派」「緊縮増税派」の違い

日本でよく話題にのぼる経済学派は、だいたい「リフレ派」「MMT派」「財政規律派（緊縮増税派）」という三つに分かれる。

まずは主流の経済学派の「リフレ派」だが、簡単にいえば、デフレ脱却のために大胆な金融緩和や財政出動を支持する経済学者たちのこと。筆者もこれまで、統合政府という観点でみると日本は財政再建の必要性がなく、インフレ目標までは財政問題を気にする必要がないという立場をとってきた。そのため、筆者もリフレ派の一員とみなされている。

リフレ派の萌芽が出てきたのは、１９９０年代のことだ。彼らは世界の経済学者が誰でも理解できるように、「ワルラス式」「統合政府」「インフレ目標」で構成される数式モデルを用意して、説明してきた。ワルラス式とは、市場の需給が均衡化するための必要条件を示しており、財市場の均衡条件と金融市場の均衡条件の二つからなる式だ。

この数式モデルから金融政策と財政政策を実行すると、インフレ率がどのように変化するか、ある程度は定量的に理解できる。

最近出てきた「ＭＭＴ派」は、リフレ派としばしば混同されがちだが、実際にはまったく異なる。ＭＭＴとは現代貨幣理論（Modern Monetary Theory）のことで、政府は自国通貨を無制限に発行できるため、政府債務が増えても問題がないと主張している。

ただし、米国の主流経済学者はＭＭＴに批判的だ。通常の経済理論は、誤解が生じないように数式モデルで構成されているのに対し、ＭＭＴの内容は雰囲気だけで、数式がない。リフレ派は常に数式で説明するため、米国の主流経済学者からの批判はほとんどない。

また、ＭＭＴ派は「財政出動はいくら行っても大丈夫」と主張し、なかには「国債を５０００兆円発行しても大丈夫」といった言説まである。

しかし、これは明らかに誤りだ。日本で5000兆円もの国債を発行した場合、インフレ率が1000%程度に達するという試算結果が出ている。

5000兆円はさすがにダメだと筆者が反論しても、「インフレになるまで借金をする」という意見が再度出されるが、誤りである。なぜなら、インフレ目標が2%以下という条件では、5000兆円の借金に達するまで数十年かかるため、非現実的な数字だからだ。

そして、いちばん問題なのが「財政規律派（緊縮増税派）」だ。しかも厄介なことに、この派の代表格には、財務省、金融庁、日銀と、国の中枢を担う顔ぶれが並んでいる。

緊縮増税派は、財政破綻を煽り、増税によって財源を確保しようとしている。特に消費税の増税は、国民負担をダイレクトに増加させる。増税して財政支出をするというが、要するに国民から巻き上げたお金を再び国民にばらまくだけのことだ。

筆者は、経済政策としての増税には一貫して反対している。というより、増税を景気対策に使うということ自体が理に適っていないと考えている。税制の変更は民間に大変な負担を強いる。値札の書き換えや決済システムの変更など、社会的コストが高くつく。

日銀による金融政策なら、社会的コストが不要だ。自然な連鎖反応で、目指した経済の方向に進んでいく。もし経済が停滞したら金融緩和、過熱すれば金融緊縮をすればいい。

第2章　日本の財政の真実

「国債」の仕組みとその流れ

緊縮増税派は、国債の発行により借金が膨らみすぎて、財政が危機的だと主張しているが、事実ではない。それを理解するためにも、まずは国債について解説しておこう。

「国債とは何か？」と聞かれれば、多くの人が「国の借金」とか「政府の借金」と答えるだろう。あながち間違いではないが、借金＝悪というイメージから「国債の発行は減らすべきだ」と主張する人もいる。

しかし、個人の借金とは異なり、政府の借金はむしろ必要な場合がある。それを理解するには、政府を企業に例えてみるといい。

一部の企業は「借金ゼロ」をアピールしているが、通常は事業を拡大するために融資を受けて、設備や人材などの投資に充てる。それによって、新規プロジェクトや取引が増えていき、企業は成長していくのだ。企業の設備投資は、国の景気動向を示す大切な指標の一つで、もし設備投資が減少しているなら、それは経済が低迷する兆候といえる。

同様に、国債も国家運営に不可欠な資金だ。政府の主な収入源は、税収（所得税、法人税、消費税など）だが、予算不足の際は国債を発行してその分を補う。

国が発行した国債は、銀行や信用金庫、証券会社などの民間金融機関が買い取る。例えば、国の必要な予算が10兆円不足していた場合、一気にその額を調達するのは難しいため、毎週国債を発行して1年かけて調達していく。

国債の取引は財務省が行い、民間金融機関に「利率」「発行額」「償還期限」の情報を伝えて、入札で売買が行われる。これらの国債はその後、民間金融機関から日銀が時価で買い取る流れとなる。

ここで押さえておきたいのは、政府と日銀は親会社と子会社の関係性であるという点だ。政府は、日銀に対して55％出資しており、日銀法により役員任命権と予算認可権を握っている。政府には目標の独立性、日銀には手段の独立性がそれぞれある。つまり、経済政策の舵取りは政府が行い、その方針に沿って日銀は通貨発行などの実務を行う。このように政府と中央銀行を一体として「統合政府」とみる視点が重要だ。

日銀は国内で唯一お金を発行できる銀行だが、無制限に刷ることはできない。個人が何も受け取らずに対価を支払わないのと同じように、日銀も国債を受け取ってからお金を発行する。そのため、日銀が発行したお金の量と、購入した国債の量はほぼ同じになる。

金融政策の本質は「お金を多く発行するかどうか」であり、お金を増やすことで物価が

日銀による国債購入の流れ

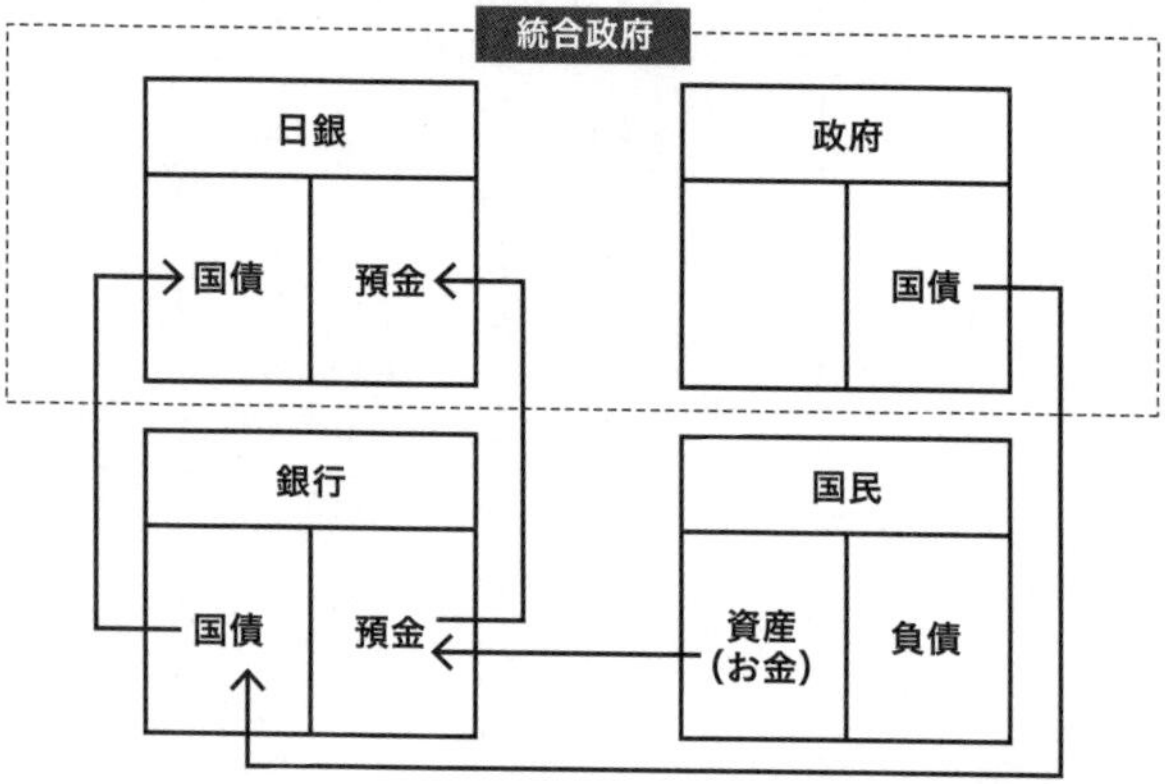

(筆者が作成)

上がりインフレが生じる。これが貨幣数量理論と呼ばれるものだ。

日銀が大量に国債を買い、それに応じてお金を発行し、金融機関を通じて市場に供給することで、景気を刺激して底上げできる。これが量的緩和で、アベノミクスではこのアプローチにより景気回復の手がかりをつかんだ。

もし日銀が全ての国債を持つようになれば、金融機関から国債がなくなり、財政の問題も解決する。なぜなら、政府の子会社である日銀が国債を全て持つということは、財政の負担がゼロになることを意味するからだ。

現状、それが実現していないのは、国債を保有している民間金融機関が積極的にそれをお金に換えようとしないからだ。詳しくは第

５章で解説するが、国債は利回りのいい金融商品なので、金融機関も手放したがらない。財政出動の際に発行される国債は「新発国債」と呼ばれ、最初は様々な金融機関で取引されて日銀も買いやすくなる。ただし、時間が経過して次第に取引が減っていくと、金融機関の倉庫にしまわれて、埋もれていってしまうのだ。

いろいろと話が脱線したが、ここで最も重要なのは、政府と日銀が親会社と子会社の関係であり、政府の借金は問題ないということだ。

日本の「財政」は危機的ではない

金融工学、会計学、財政学など、あらゆる学問の観点からみても、日本が財政危機でないことははっきりしている。

国の財政状態は、「統合政府のバランスシート（ＢＳ）」をみることで理解できる。民間企業にもＢＳがあるように、統合政府にもＢＳがある。統合政府のＢＳは、政府とその子会社である日銀のＢＳを組み合わせ、資産を左側に、負債を右側に示す表だ。金融政策上、日銀は政府から独立しているが、会計上は連結し統合される。

財政破綻論者は、ＢＳの負債だけをみて「借金が多い」と主張している。だが、重要な

政府のバランスシート

単位：兆円

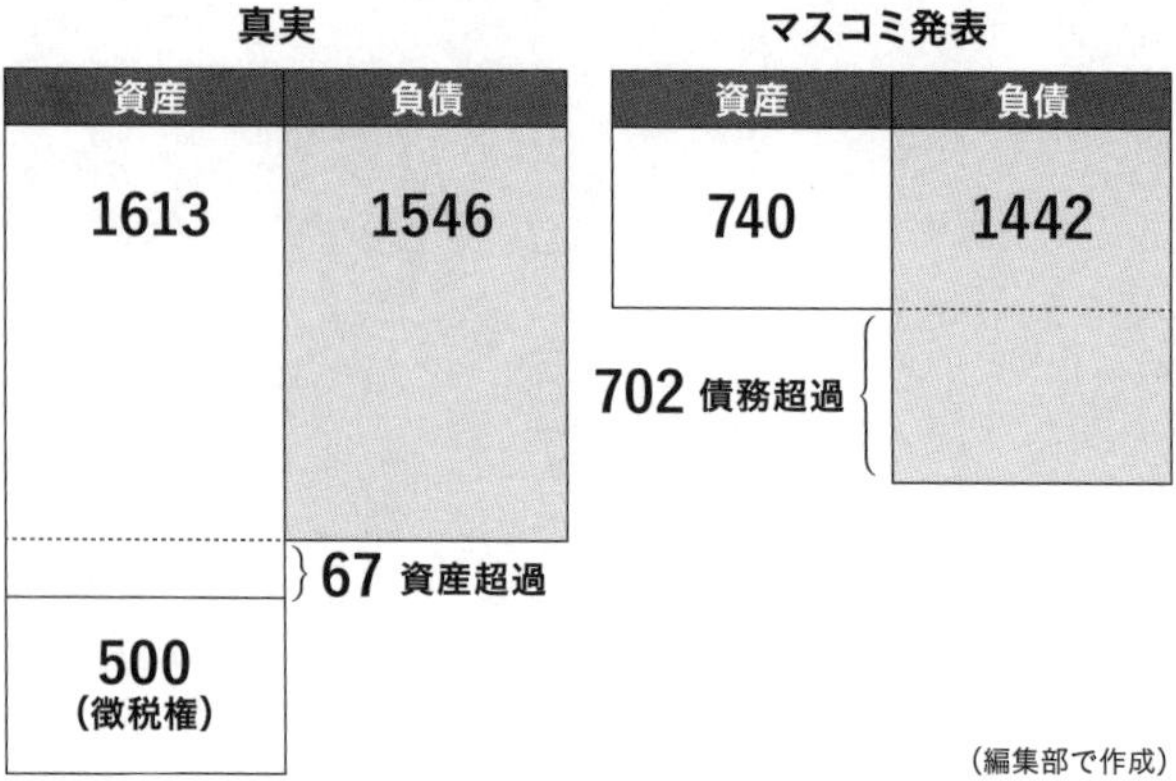

（編集部で作成）

のは負債の総額（グロス）ではなく、負債から資産を差し引いた額（ネット）だ。

また、２０２４年１月、マスコミは財務省がまとめた２０２２年度の国の財政状況について、資産が約７４０兆円、負債が約１４４２兆円で約７０２兆円の債務超過だと騒ぎ立てた。しかし、これには政府の関係会社である日銀のＢＳが含まれていない。

そこで日銀も含めた連結の統合政府ＢＳで再計算すると、本稿執筆時点で単体・連結のデータが揃っている２０２１年度では、資産が約１６１３兆円、負債は約１５４６兆円だ。したがって、約67兆円の資産超過になる。ここにさらに隠れた資産である「徴税権」という簿外資産があり、それが約５００兆円ある。

つまり、財務省は政府単体のＢＳで約７００兆円の債務超過と言っているが、統合政府ＢＳでみると約６００兆円の資産超過になる。国家の運営上何ら問題がない数字だ。財政破綻は通常、国債の暴落とセットで発生する。もし日本が破綻の危機に瀕しているなら、国債は急激に価格が下落するだろう。しかし、現状そうはなっていない。

日本国債が暴落する可能性が低いことは、金利をみれば一目瞭然だ。

金利とは、リスクを示す数字だ。返済が期待できる相手なら、貸し手は「低金利で貸してもいい」と判断する。これは個人の住宅ローンなどでも同じことがいえる。逆に返済リスクが高そうな相手なら、金利は高くなるし、そもそも融資などしない。

それでは、日本国債の金利はどれくらいだろうか。

国債の種類によって差はあるが、10年物で約０・６％（２０２４年1月時点）だ。これを米国の約４％やオーストラリアの約４・１％と比較すると、日本国債は非常に低金利で、利ざやが十分に生じない。

それでも、なぜ多くの人が日本国債を購入しているかといえば、日本の財政が安定していて、「日本が相手なら低金利で貸してもいい」という判断が広まっているからだ。

将来の価格変動やリスクを取引の対象とした、金融派生商品（デリバティブ）の「クレ

各国の純資産対GDP比とCDS　単位：%

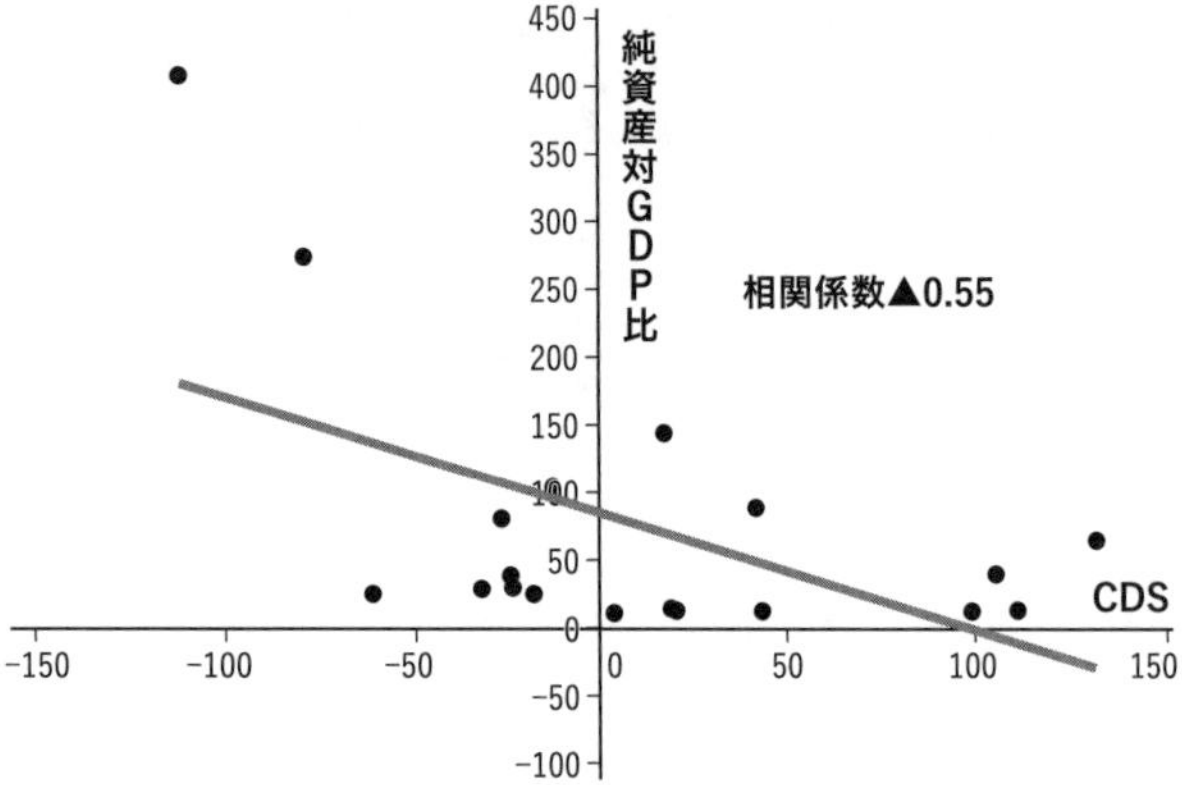

（IMF、S&P資料より筆者が作成）

ジット・デフォルト・スワップ」（ＣＤＳ）でみても、日本が５年以内に財政破綻する確率は１％未満と評価されている。

ＣＤＳは、国や企業の債権がデフォルト（債務不履行）したときのリスクを取引の対象とし、債務者の信用リスクをヘッジする目的で利用される。投資対象の破綻に備えた保険の機能を持っており、日本国債の５年物の保証料率はとても低いのだ。

国際通貨基金（ＩＭＦ）の過去の調査によれば、一般政府（中央政府と地方政府）の純資産対ＧＤＰ比と長期金利には相関関係があり、政府の純資産が減ると長期金利が上昇する傾向がある。

同様に、筆者が行った調査では、一般政府

の純資産対ＧＤＰ比とＣＤＳレートの相関係数はマイナス０・55で、純資産と長期金利の相関よりも有意であることがわかった。

簡単にいえば、借金だけが増えて政府の純資産が減ると、国家が破綻する確率は上がる傾向にある。しかし、国債を発行したとしても、将来的な回収が期待できる有益な投資であれば、純資産はむしろ増加する。だから何も問題はない、という話だ。

例えば、教育無償化の場合、教育を人的投資とみなし、税金を使うよりも国債を発行して賄ったほうがいい。育った人たちが全員海外に行ってしまうと困るが、いずれ日本に戻ってくる可能性もあり、研究成果を還元してくればリターンは十分に期待できる。

これは研究開発においても同じだ。将来的に日本で生かされるテクノロジーが開発されれば、借金は返済されて純資産は増加する。

世界の中でも日本の財政は超健全

統合政府ＢＳを分析すれば、国の財政状況を把握できる。従来の財政分析では負債だけに注目することが多かったが、実際には資産と負債の両方をみることが必要だ。

これと同じ趣旨のＩＭＦのレポートがある。２０１８年に公表された「IMF Fiscal

Monitor,October 2018：Managing Public Wealth」だ。そこで、統合政府ＢＳの分析が財政状況を的確に評価するために重要だと指摘されている。当時、このレポートは日本ではあまり報じられず、海外メディアでの注目度のほうが高かった。

１９９０年代中ごろ、筆者がまだ大蔵省にいた時期の話だが、統合政府ＢＳの作成に取り組んでいた。当時はまだ、米国をはじめほかの国々では、ＢＳによる国の財政評価がほとんど手つかずの状況だった。

当時、日本の統合政府ＢＳは世界最先端だったが、その存在は長らく公表されなかった。なぜなら、すでにその時点で大蔵省は、ＢＳの負債部分だけを都合よく公表して、「国の借金が多い」という世論を形成していた。そんな状況下で、資産部分も付け加えて公表してしまうと、それまでの話と矛盾が生じてしまうからだ。

その後、２０００年代に入り、小泉政権下で公表する動きになった。世界各国でも統合政府ＢＳの作成が進み、データも蓄積され、ようやくＩＭＦでも研究が可能になった。

ＩＭＦのレポートでは、一般政府と公的部門のＢＳが主に分析されている。一般政府は中央政府と地方政府を合わせた概念で、公的部門は日銀を含む公的機関を加えたものだ。

レポートには、世界各国の中央銀行を含むＢＳのネット資産対ＧＤＰ比が示されている。

世界各国の政府のバランスシート（GDP比率） 単位：%

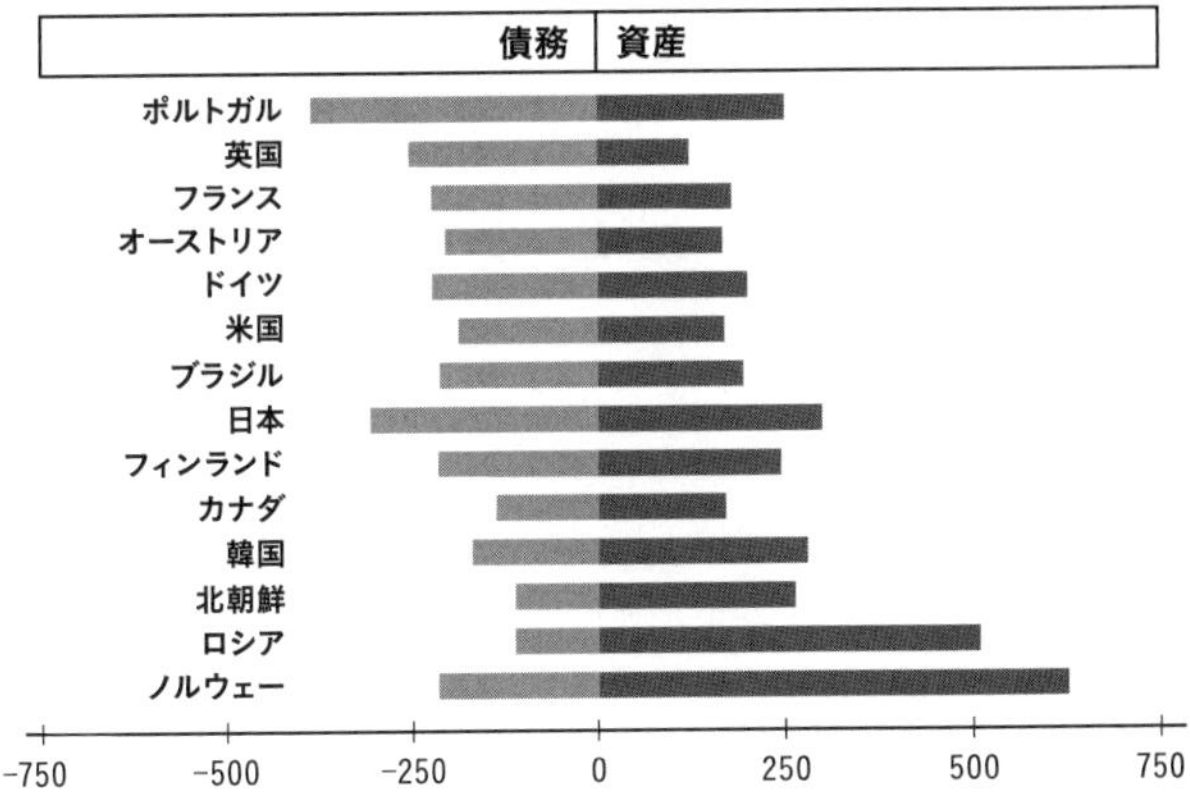

（IMF「Fiscal Monitor,October 2018」より編集部で作成）

それによれば、日本の公的部門のネット資産対ＧＤＰ比はほぼゼロだ。

こうした事実から導かれる結論は、大きな借金を抱えた利払い問題は、同等の大きさの資産を持っていれば、資産からの金利収入で解決できるということだ。

またレポートには、日銀を含まない政府単体のＢＳのネット資産対ＧＤＰ比も示されている。ここでも日本は若干マイナスだが、ギリシャやイタリアと比較しても、それほど悪くない数字だった。

この調査の結果、ネット資産は単純に赤字国債を発行するだけだと減少してしまうが、研究開発費など投資に回せば減少しないことがわかった。

一般政府の純資産対GDP比と、前項で説明した、その国の信用度を表すCDSレートにはかなりの相関がある。ここから筆者は、日本が5年以内に破綻する確率は1％未満だと結論づけたわけだが、日本のネット資産がほぼゼロであることと整合している。

こうした話は、海外の専門家も同様に認識していた。彼らは、日本の財政赤字の大部分は無効化されていると指摘していたが、日本の経済・財政学者は、海外の専門家の認識が誤っていると主張していた。

さらには、財政破綻の可能性を理由に、これまで政府によって様々な愚策が実行されてきた。その一例が消費増税だ。しかし、統合政府BSが公表されたことで、最近はその論法も使えなくなったようだ。代わりに、将来の年金や社会保障のために増税する、という別な言い方がされるようになってきた。

財政破綻論者は、消費増税に積極的だったり、財政再建を主張したり、インフレ目標を否定したりする立場をとることが多い。しかし、社会保障の財源として消費税を設定することは、少なくとも税理論や社会保障論からみても不適切だというのは明白だ。

借金の大きさと経済成長率は無関係

債務が増えると経済成長の足かせになると指摘した、ある有名な論文がある。それは２０１０年、ハーバード大学のカーメン・ラインハート教授とケネス・ロゴフ教授が発表した公的債務に関する研究だ。

その論文では、国の公的債務残高がＧＤＰ比で90％になると、平均実質成長率がマイナス０・１％になるという結論が導き出されていた。この「90％」という数字が独り歩きして、緊縮財政の論拠としてたびたび使われるようになった。

ＩＭＦをはじめ国際機関でもこの論文は重宝され、財政再建の必要性を説く根拠として扱われた。しかし、経済学者の間では異論が出ていた。

プリンストン大学のポール・クルーグマン教授（当時）は、公的債務が増えると経済成長が低下するのではなく、むしろ経済成長が低下することで公的債務が増えると指摘した。また、イタリアと日本を除く主要国首脳会議（Ｇ７）各国の、公的債務残高対ＧＤＰ比と実質成長率には相関関係がないことも示した。

議論の焦点は、果たして公的債務がＧＤＰ比で90％になると平均実質成長率がマイナス

0・1％になるのか、また公的債務が増えると実質成長率が低下するという因果関係があるのかの二つだった。

例えば、マサチューセッツ工科大学の研究では、実際の平均実質成長率は2・2％で、ラインハート／ロゴフ論文の数字に誤りがあると指摘された。しかも、一部のデータが意図的に除外された疑いも示唆していた。

因果関係については、筆者もかつて分析したことがある。1971年以降の日本、イタリア、ドイツ、フランス、米国などの17カ国について、実質GDP成長率と公的債務残高対GDP比の相関係数を計算したところ、結果はマイナス0・19だった（図f‐1）。

相関係数は、0以上0・2未満で相関がほとんどないことを示し、0・2以上0・4未満なら弱い相関、0・4以上0・7未満では中程度の相関、0・7以上では強い相関があると考えるのが一般的だ。

相関係数がマイナス0・19というのは、実質GDP成長率と公的債務残高対GDP比にはほとんど相関がなく、因果関係もないことを示している。

イタリアと日本にはわずかに相関がありそうだったので、その2カ国を除いた15カ国で再び統計処理をしてみると、相関係数はマイナス0・11まで低下した（図f‐2）。

f-1　債務残高対GDP比と経済成長率の関係　単位：％

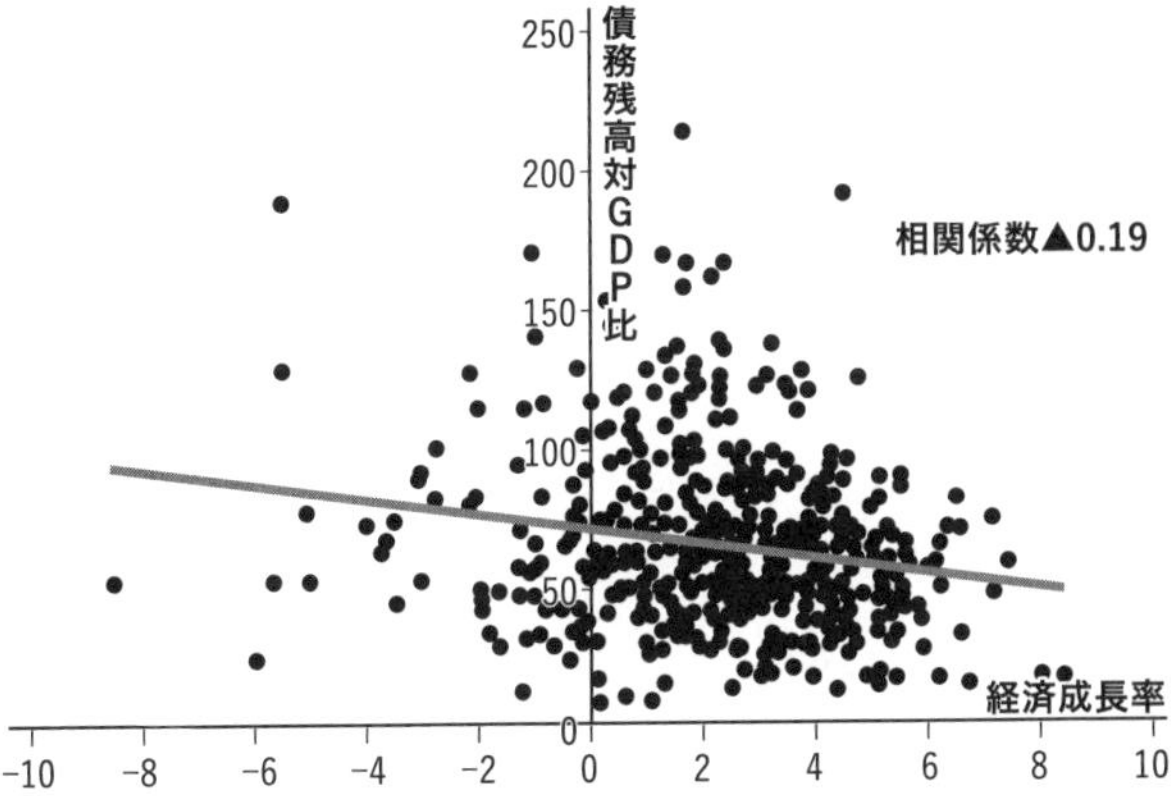

（OECD資料より筆者が作成）

f-2　日本とイタリアを除いた債務残高対GDP比と経済成長率の関係　単位：％

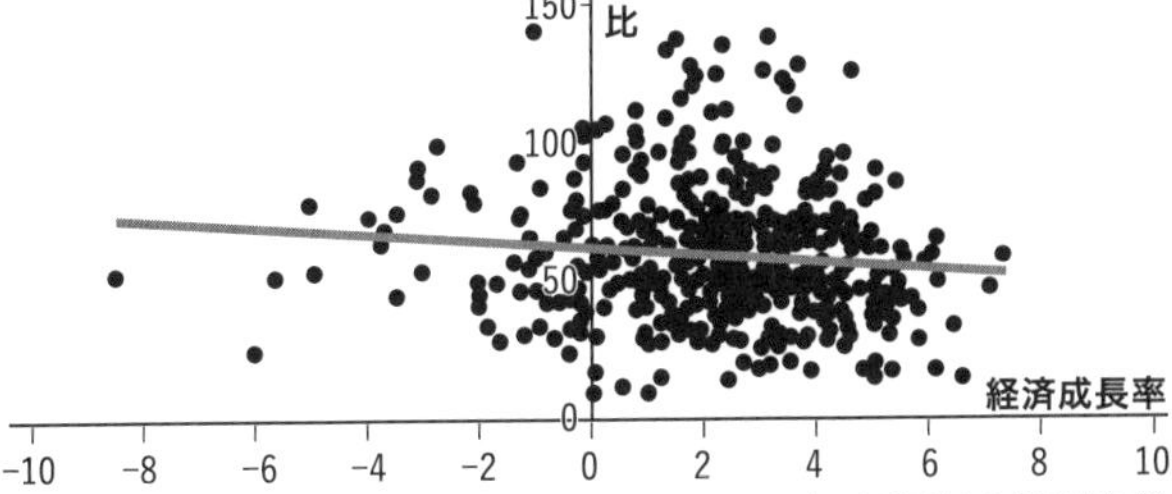

（OECD資料より筆者が作成）

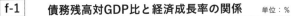

つまり、公的債務残高対GDP比を用いて、国の経済成長率について論じるのは、ほとんど意味のないことがわかった。

前述のラインハート/ロゴフ論文の誤りが指摘されたことで、緊縮財政の機運はやや和らいだ。しかし、消費増税を見送ると財政再建が遅れるという考えに固執する、増税派の経済学者はまだ日本には多い。

なぜ、彼らはそこまで消費増税にこだわるのか。その答えは、増税派が「横断性条件」という経済モデルにとらわれていて、それを根拠にしているからだ。

横断性条件とは、統計学や計量経済学の文脈で使用される概念で、横断データの解釈や分析に関する数式表現であるが、説明するのは難しい。簡単にいえば、「将来の国債残高を目立たないレベルにするため、国債を基礎的財政収支(プライマリーバランス)の黒字化で完済しなければならない」と増税派は解釈しているということだ。

しかし、この解釈には注意が必要だ。まず国債残高を目立たないレベルにまで減らすことが目的なら、別にプライマリーバランスを黒字化する必要はない。中央銀行が量的緩和で国債を保有することで、国債残高を減らせるからだ。

もっとも、プライマリーバランスを改善したいのであれば、政府の保有資産を売却する

f-3　プライマリーバランス対GDP比と前年の名目GDP成長率の推移　単位：％

（内閣府資料より筆者が作成）

のも一つの手段だ。

しかし、のちほど詳しく解説するが、彼らは頑なにそれをしようとしない。どの国でも財政が危なくなると、まずは資産の売却を考えるのが当たり前なのに、だ。

政府資産を売却せずに増税や緊縮政策を行い、それによって経済成長が阻害されれば税収が伸びず、かえってプライマリーバランスを悪化させる可能性が高い。図ｆ－３のように、プライマリーバランスと前年の名目ＧＤＰ成長率の関係を調べてみると、両者は密接に連動していることがわかる。

名目ＧＤＰ成長率が伸びなくなると、財政も改善できなくなってしまうのだ。

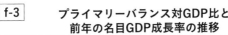

外国人が国債を保有していても問題なし

２０２３年11月15日付『日本経済新聞』で次のように報じられた。

「日本国債の保有者に占める海外投資家の割合が３月末に初めて邦銀を上回ったことが財務省の集計でわかった。発行残高の14・５％を海外勢が占め、銀行などの13・１％を超えた。円の調達コストの低さを背景に海外勢の売買が目立つ。金利上昇による利払い費の増加など財政リスクを指摘する声もある。（中略）海外投資家の保有比率はこの15年ほどで倍になった。日銀の異次元緩和直後の２０１３年は８％台で推移し、２０１５年12月末には10％を超えていた」

アベノミクスの影響で、日本の中央銀行である日銀は大量に日本国債を購入した。その結果、２０２３年７～９月期の資金循環統計（速報）によると、日銀の国債（国庫短期証券を除く）保有割合は９月末時点で53・86％と半分以上になっている。

次いで生損保・公的年金の保有比率が高い。また、最近は円安の影響もあり、海外投資家の保有比率が国内の銀行を上回っている。

一部の人々は、「世界の資金が日本に流れ込んでいて、海外投資家の株式や国債の保有率が上昇している。そのため、日本が外国に乗っ取られる可能性もあるのでは？」といった議論を展開しているが、本当にそうなのかは甚だ疑問だ。

たしかに、海外の人が日本企業の株式の大半を買い占めた場合、議決権比率によって役員の任命や解任、会社規程や定款などの変更が可能になり、結果として企業が外資系に乗っ取られたといえる。このような話は、ハゲタカファンドなどでよく耳にする。

しかし、国債は株式とは異なる。たとえハゲタカファンドが大量の国債を保有しても、それによって国を動かすほどの権限を持てるわけではない。

実際には、日本国債が信用されているために、外国からの投資が増えているのだ。これはむしろ好ましいことで、国債を購入する人が増えることで金利が低くなり、国内外で資金を調達しやすくなる。

そもそも、２００年以上の世界各国のデータを分析してみると、外国人の国債保有比率が上がったとしても、国のデフォルト率が必ずしも高くなるわけではなく、両者の間に明確な相関関係はみられない。逆に、日本国債の海外比率が低いから、必ずしもデフォルトしないと主張することも、データ上では正確な意見ではない。

いずれにしても、国が乗っ取られるかどうかといった話において、国債保有率が関係ないことはたしかだ。

同様に、日銀株式の保有比率についても似たような議論がある。日銀の株式は日本国政府が55％を保有し、残りの45％は民間が保有している。その45％には外資系金融資本がかなり含まれているため、「日銀が海外投資家の言いなりになっているのではないか」といった憶測が飛び交っている。

しかし、これらの日銀の株式は「出資証券」と呼ばれ、通常の株式とは異なる。出資証券をたくさん保有しているだけでは、株主権や議決権を持てず、経営にも参画できない。日銀の出資証券はたくさん売られているが、政府しか経営参画はできないのだ。

形式上は45％を民間が保有しているようにみえても、実質的には政府が１００％保有しており、配当もきわめて低い水準になっている。この構造は米連邦準備制度理事会（ＦＲＢ）など他の国の中央銀行でもみられ、仕組みは若干異なりつつもほぼ同じだ。

こうした話は、国会議員にも通じるところがある。

日本の法律では、国会議員や一部の政府職員になれる人は、「日本国籍を有する者」という要件がある。なぜなら、国会は、日本の国益を最大限に追求するために設けられた機関であり、他国の利益を優先する人との利益相反を避けるためだ。

そのため、国会議員に関する二重国籍や、外国人参政権といった問題が話題になることがしばしばある。これは世界に共通する理解で、当たり前の考え方だ。

こうした決め事が崩れない限りは、日本が外国に乗っ取られるという心配は不要だ。

この世から「国債がなくなる」と……

政府の借金が増えすぎているため、借金が増えれば国民負担も増え、将来世代にツケを回す。そういう論調は根強く残っているが、国債は決して悪ではない。実際に景気を底上げする効果があるのに、そのことを理解していない人が多い。

そもそも、国債がこの世から消えたらどうなるのだろうか。借金がゼロになっても、国民負担がゼロになるわけではない。むしろ大問題が生じる。

その意味を知るには、国債のもう一つの側面を理解することが重要だ。それは「金融市場における国債」という顔である。

国債は政府の「借金」であると同時に、金融市場において必要不可欠な「商品」でもある。金融市場では、株式や社債と同じように取引されている。

基本的なことを先に確認しておくと、金融市場では国債と株式、国債と社債を交換する取引が行われている。

例えば、A社の株式を持っている人が、その株式をB社の社債と交換したいと思っても、B社側に「A社の株式は受け取らない」と断られたら交換はできない。しかし、国債との交換なら簡単にできるため、まずA社の株式と国債を交換し、その後に国債をB社の社債と交換するという取引が行われる。

つまり、国債がなくなると、株式や社債の取引が減少してしまうのだ。

企業は銀行からの融資だけでなく、株式や社債でも資金調達をしている。そのため、国債がなくなれば資金繰りがたちまち悪化する。金融市場における国債は、他の商品と簡単に交換できる使い勝手のいい金融商品という役割を果たしているのだ。

なぜ企業が、株式や社債取引の中継としてわざわざ国債を保有するのか、疑問に思う人もいるだろう。その理由は、現金をそのまま保有しているだけでは、利益は生まれないからだ。一方、国債は政府の借金であるがゆえに利子がつくため、企業は国債を保有しているだけで利益が生まれる。金融市場では利払いのやり取りを通じて、経済が活性化する。

銀行がいい例だ。銀行は、国民の預金がいくらあっても利益は生まれず、融資をしたり、国債でわずかの利払いでも得たりしていかなければ、商売を続けられないだろう。国債がなくなると、金融関係者の仕事が失われる可能性もある。

国債の発行が必要な理由は、金融機関のビジネスを支え、ひいては資本主義社会の発展を促進するためだ。米国ニューヨーク市場や、英国ロンドン市場などでは、国債を介した取引が最も多い。

国により国債発行額は異なるものの、世界中の金融市場で国債の取引が行われており、金融の専門家も国債の必要性を認識している。

もっとも、ドイツは先進国で唯一、国債の発行額が少ない国だ。第1次世界大戦後、ドイツは生産力が大きく低下して物資が不足し、結果的にお金があり余るようになった。それで急速にお金の価値が下がり、物価が急上昇した。いわゆるハイパーインフレが起きてしまったのだ。

このトラウマから、ドイツはインフレを抑制する政策を採用している。国債を発行すると、市場に余分なお金が流入してインフレが引き起こされる可能性があるから、国債の発行を控えめにしている。

ドイツのような例外は除いても、国債は金融市場で重要な役割を担っている。国債が借金だからといって、全て消えてなくなればいいというのは、無知からくる暴論だ。

国債は未来への投資

2011年、東日本大震災が起きた。その後、復興には多額の費用が必要だということで、2012年に「復興特別税」なる新たな税が導入された。

この復興特別税は、「復興特別法人税」と「復興特別所得税」から成り、所得税、住民税、法人税に上乗せされた。法人税の復興特別税は2014年に終了したが、所得税の復興特別税は2037年まで続く予定だ。

実は、災害復興に必要な資金を調達するには、国債を発行するのが効果的だ。災害時に増税することは経済に悪影響を及ぼす愚策である。災害で大打撃を受けた地域は消費が低迷する。被災地の経済を支えるためには、幸いにも被害を受けなかった地域の経済力が必要だが、増税はその力を大きく削いでしまうのだ。

経済を活性化させるには、むしろ減税が適切だ。災害時に増税するという愚策を、筆者はかつてきいたことがない。

災害時には政府の税収が一時的に減少するかもしれないが、だからこそ財源確保のために国債を発行することが重要なのだ。それも100年債、500年債といった超長期国債が適している。

国を揺るがすような大災害は稀で、１００年に一度、５００年に一度というレベルだ。そのため、今から１００年、５００年をかけて大規模な災害に備えるため、世代間で復興財源を提供し合い、１００年、５００年をかけて返済していけばいい。

国債は国の借金だから悪である、将来世代に借金を押しつけることになる、というイメージで批判する人もいる。しかし、税収だけで国を運営するのは不可能であり、国債を発行して必要な資金を集めるべきだ。

税金は国民が支払う義務を負うが、国債は欲しい人だけが購入すればいい。税金を未納にすると脱税という違法行為になるが、国債を買わなくても誰からも文句を言われない。国にお金を貸したい人だけが貸し、その見返りに利息収入を得る。こうして国は運営されている。

それに、災害が起こった世代だけで復興財源を出すのは不公平だ。こうした考え方は、経済理論である「課税の平準化理論」に基づいたものであり、一般的な見解である。

本来、景気のいい時期は税率を上げて、景気の悪い時期には税率を下げることによって、経済の安定化を図るのだ。

国債には災害復興だけでなく、未来への投資という目的もある。現在の国債発行額では投資額が不足しており、例えば「教育国債」といったかたちで投資すべきだ。

一般的に、教育水準の高い人ほど所得が多くなる。高所得者は納税額も増え、国への貢献度が高まる。いわば出世払いで、将来世代が成長し、投資効果が表れれば、その人たちに貢献してもらえる。そのほうが、よほど税収アップにつながるというものだ。

もっとも、市場では、赤字国債と建設国債が区別されていないように、教育国債として発行されるわけではない。単に国債の利率と償還期限で購入の判断はなされる。

あえて教育国債を設ける理由は、国債を売却したお金を、より多く教育に割くようにするためだ。教育の無償化も国債で賄えばいい。

国の投資対象には、公共投資としての図書館や体育館などの建物、いわゆるハコモノがある。それも多少の雇用創出にはなるが、教育への投資が有形資産への投資よりもはるかに大きな効果があることはすでにわかっている。

不動産という有形資産だけでなく、人材という無形資産にもっと投資をしてみてはどうだろうか。そのほうが、社会的により大きなリターンが期待できる。

帳簿上の資産は売ることができる

財政破綻論者は、国債の発行には批判的だが、現在政府が保有している資産を売却して、財政赤字を埋めることにも消極的だ。

一部には「政府は資産を売却できない」と主張する人もいるが、それは誤りだ。民間企業も国も、帳簿に載っている資産は全て価値が定まっている。マーケットバリューがあれば、理論的には何でも売ることができる。逆に、価値が定まっていない資産は、そもそも最初から帳簿に記載されない。

国の帳簿（財務諸表）をみると、貸借対照表で次のように注記されている。

「国が保有する資産には、国において直接公共の用に供する目的で保有している公共用財産のように、売却して現金化することを基本的に予定していない資産が相当程度含まれている。このため、資産・負債差額が必ずしも将来の国民負担となる額を示すものではない点に留意する必要がある」

売却予定がないといっても、必ずしも売れないという意味ではない。財務省としては、国有資産をなるべく売却したくないという思惑があるのだろう。だが、帳簿に記載されている以上、売却は可能なのだ。

ＩＭＦのレポートによると、日本が国として保有する金融資産は世界でも最大級だ。国が保有する資産の大部分は現金・預金、有価証券、貸付金などの金融資産（流動資産）だ。これらはすぐに現金化できるため、債務の返済に充てられる。

では実際に、日本郵政や政策投資銀行などの政府関連機関を除いた政府単体（一般会計と特別会計）の、２０２１年度の財務諸表をみてみよう。

金融資産の内訳は、現金・預金が48・2兆円、有価証券が１２３・５兆円、貸付金が１２３・２兆円、運用寄託金が１１３・７兆円、出資金が93・2兆円で、合計５０１・８兆円となっており、総資産額（７２３・９兆円）の約7割を占めている。

これらの金融資産は売却・現金化し、借金の返済に充てられるが、保有しているだけで金利収入が発生するものもあるため、全てを売却する必要はない。

また、帳簿上は公共用財産（用地、施設）が１５６兆円あるが、これらを簡単に売却することはできない。

その内訳をみると、道路（用地21・1兆円、施設54・8兆円）、治水（用地18・4兆円、施設46・7兆円）、港湾（用地０・４兆円、施設５・８兆円）などのインフラで構成され、売却予定のないものが大半だ。

このほか、公共用財産を除く国有財産が32・７兆円ある。これは、地方公共団体の公有財産である行政財産と、それ以外の公有財産である普通財産に分けられる。

国有財産は、土地（行政14・６兆円、普通４・５兆円）と建物（行政２・８兆円、普通０・４兆円）が主で、それ以外に立木竹や工作物、船舶、航空機などがある。

ここには、自衛隊や海上保安庁の船舶や航空機も含まれている。所管別の明細附属表をみると、船舶は全省で１・５兆円のうち、防衛省が１・２兆円、国土交通省が０・２兆円で、航空機は全省で１・１兆円のうち、防衛省が１兆円だ。これらは二つの省が、ほとんどを占めていることがわかる。

安全保障上の問題があるため、こうした資産の売却は容易ではない。しかし、官公庁が使用している土地や建物などは意外と簡単に売れるものが多い。実際に売れなくても、リースバックなどの金融的な手法で事実上売却できるものも少なくない。なお、実際に売れなくても、その事情は、他の先進国でも同様な事情なので、国際比較ではまったく支障がないことに留意する必要がある。

かつて、日本国有鉄道が民営化されてＪＲとなり、国が整備した鉄道インフラは売却された。したがって、財政破綻論者は借金が気になるなら、国債発行を批判する前に、まず国の資産を売却して補填すべきだと主張したほうがいい。

それは民間企業でも国でも同じことだ。

天下り先の民営化で借金は減らせる

政府の財務諸表で注目すべきは出資金だ。そこで、政府本体（一般会計＋特別会計）のBSと、政府関係機関を含めた連結会計のBSの出資金を比較してみよう。

２０２１年度の出資金は、政府本体のBSでは93・２兆円ある。一方、連結会計のBSでは22・２兆円あり、両者の間には71兆円の差がある。

これは、政府本体が政府関係機関に、多額の出資をしていることを示している。

具体的には、政府本体が71兆円を出資し、政府関係機関が71兆円の出資を受けているため、両者を合算すると内部取引が相殺されて71兆円分が減る。企業にたとえると、ある部門から別の部門への資金移動と同じような仕組みだ。

こうした出資金は、実は官僚の天下りの温床となっている。政府が出資して政府関係機関を設立し、そこに官僚が再就職をする。しかも、省庁ごとに天下り先の機関がつくられるものだから、政府からの出資金が膨大な額になったのだ。

各省庁は特殊法人を設立した理由について、「政策目的のため」とうそぶくが、実際のところそれは建前にすぎない。とっくに政策目的を終えたような法人も残っている。

政府関係機関には出資金だけでなく、政府本体からの多額の貸付金も流れている。政府は、財政資金を調達するために発行する国債の一種である「財政投融資特別会計国債」（財投債）などを発行して借金をし、それを政府関係機関に貸し付けているのだ。

そのため、政府関係機関を完全に民営化して、政府からの出資金や貸付金を停止すれば、政府の借金は確実に減る。資産を売却する方法は、官僚の抵抗さえどうにかすれば、完全民営化が最も手っ取り早い。

もし、政府関係機関が社会的に重要な仕事をしている場合でも、自分たちで債券を発行して、直接市場から資金を調達すればいいだけの話。政府が代わりに借金をする必要はないのである。

そんな当たり前の手続きを行わないのは、「官僚が天下りをやめたくないから」という理由以外にない。

国の財務書類をみると、「市場価格のある出資金の時価等の明細」という項目に、政府が保有する、日本たばこ産業（ＪＴ）、日本電信電話（ＮＴＴ）、日本郵政の株式の時価が記載されている。また、「市場価格のない出資金の純資産額等の明細」という項目には、各法人の純資産額と政府の出資割合が表示されている。純資産額と出資割合を掛け合わせたものが、政府の出資金の純資産額になる。

以前は財務省（大蔵省）の天下り先といえば、日銀、東京証券取引所、日本開発銀行が３大ポストだった。その後、小泉政権下で行われた特殊法人改革で、多くの特殊法人が民営化されていった。だが、官僚たちは、「政策目的の特殊法人は民営化しても株式を保有すべき」という、奇妙な主張を展開していた。その典型例がＪＴだ。

財務省は、ＪＴへの出向者がいる理由を「政策目的があるから」と主張しているが、まさか国民にたばこを消費させることが政策ではあるまい。世界の先進国で、国がたばこ会社の株を保有している例は、ほとんど聞いたことがない。

だが、たばこによる健康被害の問題が浮上するにつれ、財務省も抵抗しきれなくなったようで、もともと１００％の株式を保有していたが、50％まで比率が下がり、現在は約33％になっている。それでも２・５兆円分の株式を保有している。

政府が何の政策目的もない企業に、２兆円以上の出資をする必要はない。ＪＴを完全民営化して、政府保有株をゼロにすれば、２兆円以上も債務の返済に充てられ、官僚の天下りを減らすこともできる。

ＪＴは上場企業であり、有価証券報告書をみれば役員の状況がわかる。２０２２年12月期の書類をみると、役員14人のうち、取締役副会長の岡本薫明氏が元財務省事務次官、常勤監査役の谷内繁氏が元財務省理財局総務課長だ。天下りが規制された今でも、財務省はポストを確保してコントロールを続けようとしている。

天下りがなくなれば、ＪＴにとってもプラスになるだろう。元財務官僚よりも、生え抜きの社員や経営のプロが携わったほうが、より事業の発展につながる可能性は高い。

財政破綻を煽る黒幕は財務省

これまでの説明から、財政危機を煽っている黒幕は財務省だということが、読者にも察しがつくだろう。彼らが出資金を廃止することに強硬に反対し、増税にこだわるのは、全て天下り先を確保するためだ。

増税と天下りがどう関係しているのか、疑問に思う人もいるだろう。本章の最後にそのカラクリを解説しよう。

財務省が政府に増税を説得できれば、政府の予算権限である「歳出権」が強化される。それにより、教育、医療、福祉、インフラ整備、公共安全などの様々な分野に予算を割り当てることができるようになる。その結果、各省庁は予算が増えて財務省に恩を感じ、財務官僚に天下り先を用意することで恩返しをしているのだ。

これがもし、経済成長による税収増なら、各省庁の予算は増えるが、財務省に恩を感じる必要はなくなってしまう。だから財務省は、たとえ不況になってでも、増税という形式にこだわるのだ。

また、増税の際には、ほとんどの場合「例外措置」が設けられる。例えば、消費税を5%から8%に引き上げた際には軽減税率が論議された。また10%に引き上げた際も、食品や新聞に軽減税率が適用され、中小店舗や大規模チェーン店でキャッシュレス決済をするとポイント還元される、といった措置がとられた。

こうした例外措置は、実際には財務省のさじ加減で決まる。特定の業界への利益を計算しながら、合理的な理由を装って特例扱いにする。それが、その業界への天下り先を確保することにつながっているのだ。

こうした財務省の横暴に、政治家やマスコミが立ち向かわないのはなぜか。それは財務省が強大な「税務権力」を握っているからだ。これは国家権力のなかでも軍事力、警察権力と並ぶ強力なものだ。政治学や社会学では、軍事力や警察権力を「暴力装置」と呼ぶが、筆者としては税務権力もそこに含まれると考えている。

個人事業主や経営者ならよくわかると思うが、財務省の支配下にある国税庁と正面切って対立しようとは考えないだろう。ヘタに逆らうと、税務署から脱税の疑いをかけられ、徹底的に調査される。不正な申告があったとみなされたら、過少申告加算税、無申告加算税、不納付加算税などの追徴課税を受けることになるからだ。

それは政治家も同じで、金銭関係の調査をされると、何かしら問題が出てくる可能性が高い。事実、２０２３年末から今年にかけて、自民党内各派閥政治資金パーティ収入の不記載問題が報じられたばかりだ。

政治資金収支報告書は、民間企業の有価証券報告書に相当する。そこにもし虚偽記載があれば、企業であれば社長の責任は免れない。それは政治家も同じで、脱税の摘発もありうる。政治資金収支報告書に記載されない政治資金は、課税対象になるからだ。

こうした場合、政治家は慌てて政治資金収支報告書の修正をしたうえで、非課税を主張する。国民の目には、政治家が税務署に「脱税扱いにしないでくれ」と懇願しているように映るだろう。本来ならこれは無理筋であり、税務当局もそれはわかっているはずだ。

しかし、脱税での摘発を期待するのは難しいかもしれない。なぜなら、税務当局は、税務権限を行使するよりも、あえて行使しないで、政治家に「貸し」をつくる可能性がゼロではないからだ。

それに、現実問題として政治家の場合、秘書や事務員のミスというかたちにすれば、議員が連座して責任を問われることはほとんどない。会計責任者に議員以外の人を据えることで、責任逃れをしやすくなっているというのが現状だ。

もちろんこれは、そうであってほしくないと思ううえでの邪推だが、もし税務当局が適正な法的措置ではなく、政治家への「貸し」を優先しているのであれば、なんとも救いようのない話だ。

第3章　知っておきたい税の基本

実は消費税は理論的に優れた制度

本章では、生活に直接関わる税金について詳しく説明していきたい。

ひとえに税金といっても様々だが、大まかに「国税」と「地方税」の二つに分かれる。国税には、所得税や法人税、相続税、贈与税、消費税などが含まれる。一方、地方税には、住民税や地方法人税、地方事業税、固定資産税、地方消費税などがある。

まず、いちばん身近な消費税について解説しよう。

消費税は理論的に優れた制度であり、その利点の一つは「脱税しにくい」ことにある。例えば読者がお店で何か買い物をするとき、レジで商品の代金と消費税を支払うが、脱税のしようがないだろう。

それは消費者だけではなく、事業者にも同じことがいえる。事業者が商品を仕入れる際は、取引相手に消費税を支払う。そして、その商品を売る際に、消費者から消費税を受け取る。この売上時に受け取った消費税は、国に全額納付するのではなく、仕入れ時に支払った消費税を控除して計算される。

もし、誰かが消費税をごまかそうとすれば、ほかの誰かがその分だけ多くの税金を支払うことになる。誰もが不当な損害を被りたくないのは当たり前なので、国が隅々まで監視をしなくても、国民同士がお互いに監視し合う作用が働く。そのため、国にとっては脱税されにくくて捕捉しやすい税目なのだ。

もっとも、このような公平性と透明性を保つためには、取引時に「インボイス」という書類を使用することが大前提となるが、それについてはのちほど詳しく説明する。

二つめの利点は、「徴税コストが低い」ことだ。

消費税は、税務署が積極的に調査しなくても、捕捉しやすい仕組みであるため、税務職員の人件費をかけることなく、簡単に徴税することができる。

三つめの利点は、「景気の影響を受けにくい」ことだ。これは所得税と比較すると、理解しやすいだろう。

所得税は収入に応じて課税されるため、景気の変動に左右される。歳出のほうにも影響が出てしまうため、所得税に依存した税制にすると、景気の悪化で行政サービスの財源が不足するおそれがある。

一方、消費税は景気の変動に対して、比較的影響を受けにくい税だ。景気が悪化しても、食品や日用品などの生活必需品の需要はほぼ一定だから、消費税収が急激に減ることはない。そのため、消費税は非常に安定した財源といえる。

さらに、消費税は所得税と比較して地域差が少ないという特徴もある。所得税の場合、東京と他の地域では、税収に大きな差があるが、消費税ならそこまで差はつかない。もちろん東京は消費額が突出しているので、その分、消費税収額も大きくなるが、他の地域でもそれなりの税収がある。

ただし、財政が健全な状態下では、消費税を増税する必要はない。それどころか、増税すると、かえって経済成長を阻害してしまう可能性もあるのだ。

消費増税は景気にマイナス

2022年度の一般会計の決算概要によると、国の税収は前年度比6・1％増の71兆1374億円となり、3年連続で過去最高を記録した。

この背景には、円安効果で企業の業績回復による法人税収の増加、歴史的な物価上昇に伴う消費税収の増加、そして賃金の上昇による所得税収の増加などがある。

コロナ禍の影響が残るなかで、なぜ税収が過去最高になったのか。それは、昨今の円安好況が増収を後押ししたこともあるが、事前に経済対策を講じていたからだ。

特に、政府が企業に対して提供している助成金の一つ「雇用調整助成金」の効果が大きかった。景気の悪化など特定の事情により、一時的に労働力を削減する必要がある場合、雇用調整助成金を活用すれば、雇用を維持しながら労働力の調整を行える。

これにより、失業者を最小限に抑えられたため、所得税が増加した。また、飲食業だけでなく、他産業にもかなりの給付金をばらまいたことも、税収増加の要因となった。

一方、国の財政が黒字であるにもかかわらず、財務省色の強い岸田政権は、消費増税のタイミングを虎視眈々と狙っているようだ。内閣府の税制調査会や財務省の財政制度等審議会では、「今よりもっと増税するべき」という議論が行われている。

財務省が、増税によって予算権限（歳出権）を強化し、各省に影響力を行使することで将来の天下り先を確保しようとしていることは、前述した通りだ。

そして、消費増税は経済の悪循環を引き起こしてしまう。

経済学の観点から、消費増税に反対しているのは筆者だけではない。ノーベル賞経済学者であるジョセフ・スティグリッツ、クリストファー・シムズ、ポール・クルーグマン、オリヴィエ・ブランシャール、アデア・ターナーら、著名なエコノミストたちはこぞって反対している。

消費税導入時期と実質GDPの成長率

単位：%

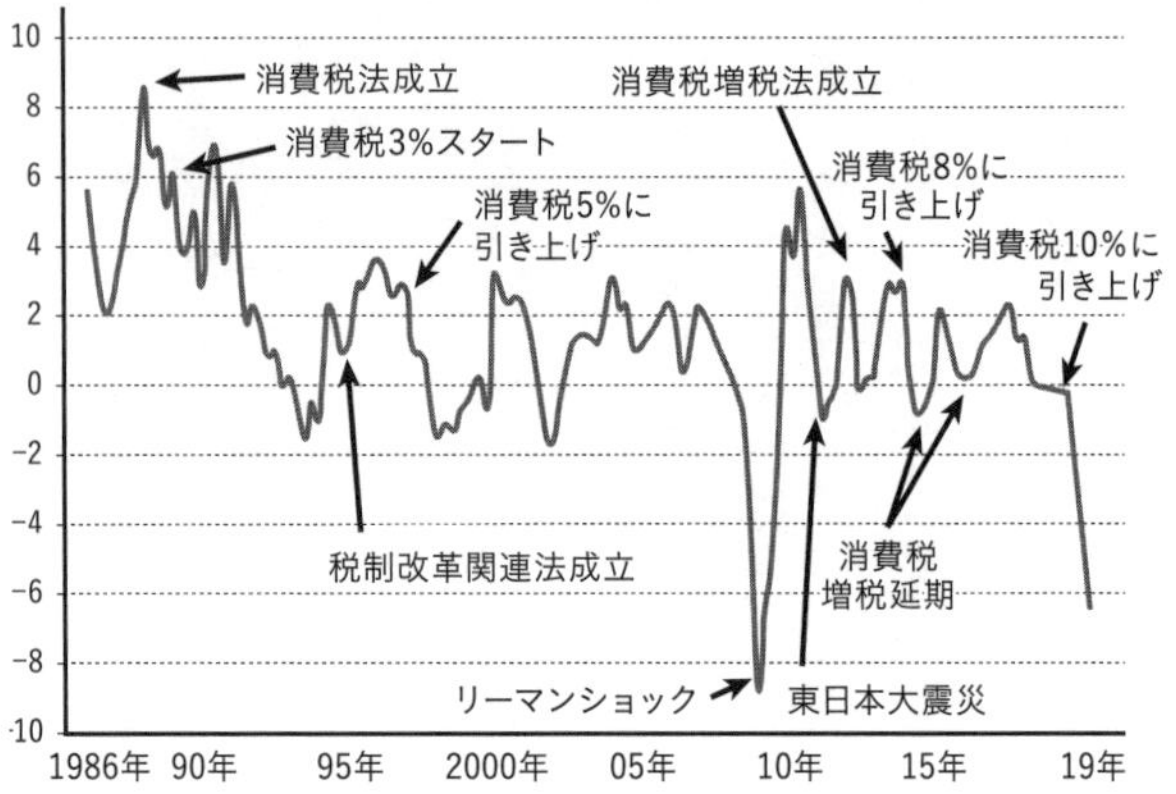

（筆者が作成）

消費増税が失策なのは、過去のデータからも明らかで、増税するたびに景気を悪化させてきた。

２０１９年10月、消費税率が８％から10％に引き上げられたが、その影響で同年10～12月のＧＤＰ（１次速報値）は、前期比１・６％減、年率換算で６・３％減（２次速報値で７・１％減に下方修正）だった。

年率換算６・３％減の内訳は、民間消費が11・０％減、民間受託が10・４％減、民間企業投資が14・１％減、公的需要が１・７％増、輸出が０・４％減、輸入が10・１％減で、特に民間部門が大打撃を受けた。

当時、この６・３％減という数字は、１９９４年以降の四半期ごとのＧＤＰ対前期比

（年率換算）をみると、過去4番目に悪い数字だった。

ちなみにワースト5は、①2009年1～3月期の17・7%減、②2008年10～12月期の9・4%減、③2014年4～6月期の7・4%減、④2019年10～12月期の6・3%減、⑤2011年1～3月期の5・5%減の順番だ。このうち、③と④が消費増税のタイミングで、①と②はリーマンショック、⑤は東日本大震災だった。

統計数字は厳然たるものだ。消費増税は、金融恐慌や大災害と同等の悪影響を経済に与えることが明確に示されている。もっとも、金融恐慌や自然災害は外的要因なので、避けることは難しいが、消費増税は政治的な判断であり、避けることは可能だ。

本来、財政再建の必要はないのに、誤った消費増税が繰り返され、その結果、多額のGDPが失われてきた。それにもかかわらず、政府、日銀、財務省は、消費増税による景気悪化を決して認めようとしない。

2019年10～12月期にGDPが低下した際も、彼らは台風や暖冬の影響などよくわからない理由を並べるばかりで、増税による影響には一切言及しなかった。なお、この期間は、新型コロナウイルスの影響がまだ含まれていなかった。そのため、災害や気候だけでGDPが低下したという説明は妥当ではない。

欧州と日本を単純に比較できない理由

財政破綻論者は、消費増税を支持する理由として、欧州の消費税（付加価値税）率が日本よりも高いことを挙げる。

欧州各国の消費税率は、例えばイタリアが22％、フランスと英国が20％、ドイツが19％だ。それに比べて日本の10％はたしかに低く映る。

だが、欧州と日本では、歴史的背景や事情が異なるため、同列に語るのはナンセンスだ。それについて詳しく説明していこう。

まず大前提として、消費税は商品やサービスの価格に上乗せされ、販売者が代理で消費者から税を徴収して国に納付する「間接税」だ。もともとは、１９５０年代にフランス財務省によって考案された。一方、所得税や法人税、相続税、贈与税など、個人や法人が直接納税するものは「直接税」と呼ばれる。

欧州では、小規模な国々が地理的に近接しているため、人々の移動が頻繁だ。外国までの移動距離が短く、日本なら九州から関西に行くような感覚で国境をまたげる。そのため、直接税が低い国に容易に移住されるリスクがあった。

そうした環境にあったフランスでは、直接税の徴収漏れを防ぐため、消費税制度が導入された。他の欧州各国の場合も同様の理由から、全ての税金を直接税で徴収するのは難しいため、フランスに続いて導入したと考えられる。

一方、米国の場合は国土が広く、国内から簡単には逃げられない。州間移動も容易ではないため、直接税が中心だ。

米国に消費税はなく、代わりに州や地方で「小売売上税」(Sales Tax) が課されている。日本のように税率は一律でなく、州、郡、市ごとに税率が異なる。場所によっては小売売上税が課税されず、物品ごとに減免措置が適用されているケースもある。

戦後の日本の税制は、「シャウプ勧告」に基づいて設計された。これは、GHQの要請で来日した経済学者カール・シャウプらによって、1949年にまとめられた税制に関する勧告書だ。1950年に、この勧告に基づく税制改正が実施された。

その結果、直接税中心の米国方式の税制が採用され、消費税は導入されなかった。日本で初めて消費税が導入されたのは、1989年になってからだ。

このように、日本と欧州では、税制の歴史的経緯や地理的条件がまったく異なる。また、直接税、特に所得税は、個人情報に踏み込む税制だが、欧州ではプライバシーを重視する傾向が強いため、間接税（消費税）中心の税制になったという事情もあるだろう。

こうしたことから、消費税の有無や税率で欧州と日本の税制を単純に比較するのは意味がないとわかる。

増税派には、「欧州は高福祉のために消費税率を高く設定している」と主張する人もいるが、その説明は不正確だ。そもそも本来、消費税は社会保障とは関係がないからだ。

消費税はあくまで「一般財源」であるため、何か特定の目的のために徴収する税ではない。一般財源には、消費税や所得税、法人税などが充てられ、公共サービスやインフラの整備など様々な用途で使われるが、「社会保障のため」と目的を限定して徴収される税ではない。もし社会保障の財源確保を目的とするのであれば、税金ではなく「保険料」で徴収するのがセオリーだ。

欧州の多くの国では、年金や医療などの社会保障は、税ではなく「保険料」で賄われている。保険料の負担が大きいほど高水準の福祉が提供されるし、逆に保険料の負担が小さいほど福祉の水準は低くなる。これが基本的な社会保障の考え方だ。

もっとも、高水準の福祉を目指す場合、全てを保険料だけで賄うことは現実的に難しい。低所得者が無年金や無医療にならないように、一般財源から資金が投入されることもある。

その際、欧州では間接税（消費税）が高い割合を占めているため、一般財源から資金を投入する場合でも、それを使わざるを得ないという事情がある。

だが、日本の場合は、別に一般財源を間接税（消費税）に依存せざるを得ない状況があるわけではないので、所得税や法人税などの直接税を充てても構わない。

つまり、日本が社会保障制度を運営するために、金融恐慌や災害レベルのダメージを経済に与えてしまう消費増税を、あえて選ぶ必要はまったくないのだ。

増税派はすぐに消費税と社会保障を結びつけようとするが、どの税金を財源とするかは、当然ながら各国政府の裁量に委ねられている。したがって日本の選択が愚策極まりないことは言うまでもない。

「インボイス」は必要な制度

現在も会社勤めや自営で働いているシニア就業者には、２０２３年10月から始まったインボイス制度に、頭を悩ませている人もいるのではないだろうか。

通常、店で何か買い物をした際には、レジで商品代金とその消費税を支払うだけなので、人によっては生活の場でほとんど縁がないということもあるだろう。インボイスは主に事業者間での取引に関係する話だ。

インボイス（適格請求書）とは、売り手が買い手に対して、正確な適用税率や消費税額を伝えることを目的とし、登録番号が記載された請求書のこと。簡単にいえば、「請求書に消費税の内訳をしっかり記載しよう」という制度である。

欧州を筆頭に多くの国が消費税を導入しているが、ほぼ全ての国にインボイス制度がある。なぜなら、この制度がないと、消費税を正確に徴収することができないからだ。

日本では１９８９年の消費税導入時に、インボイス制度を導入しなかった。だが、日本も軽減税率が導入されたことで、ようやくインボイス制度の必要性に迫られた。

２０１９年10月に消費税が８％から10％に引き上げられた際、「酒類・外食を除く飲食料品」及び「定期購読契約が締結された週2回以上発行される新聞」に対してのみ、税率を8％のまま据え置くことが決められた。それによって、品目ごとに税率が異なるようになったため、インボイスに税率を記載しないと正確な徴収ができなくなった。

もし税率が一律であれば、全ての商品に同じ税率を適用するだけで済むので簡単だ。しかし、品目ごとに税率が異なる場合、インボイスがないと軽減税率を適用することができない。税率の違いによって、控除される消費税の金額も変わってくるからだ。

もっとも、インボイスを導入しても、基本的に商取引には何ら影響はない。すでに世界中で普及している制度で、どの国でも大きな問題にはなっていない。筆者も個人事業主で課税事業者だから、消費税は支払っているし、インボイス登録もしている。

だが、インボイスへの登録は、課税事業者になることを意味する。現行の税制では、年間の売上高が１０００万円以下の事業者には、消費税の免税措置がとられている。もちろんインボイスに登録するかしないかは、事業者の判断に委ねられているが、この制度に対して免税事業者の反対は激しいようだ。

おそらくその理由の一つは、以前までは顧客から消費税を受け取っておきながら、確定申告で納税せず、不公正に得をする「益税」が発生するケースも多々あったが、インボイス制度が導入されたことで、それが難しくなったからだろう。

例えば、元請けの課税事業者（大企業）A社と、その下請けの免税事業者（零細企業）のＢ社があったとしよう。

そして免税事業者B社は、課税事業者A社に対して「作業料10万円＋消費税１万円」の請求書を発行して、消費税をしっかり受け取っていたとする。にもかかわらず、その消費税をちゃっかり自分のポケットに入れて、納税していなかったとしたらどうだろう。

そうしたケースでも、以前までなら課税事業者A社は、免税事業者B社に支払った消費税1万円分の税額控除を受けることができていた。だが、制度導入によって課税事業者A社は、インボイス請求書でなければ、税額控除を受けられなくなってしまった。

そうなると、課税事業者Aとしては、「B社は消費税分も請求してきているけど、インボイス請求書じゃないから、消費税分を控除できないんだよなぁ……。だったら今度は別なC社に仕事をお願いしよう」となってしまう可能性もある。

B社は、取引先を失う覚悟で現状の免税事業者のまま事業を続けるか、それともインボイス登録して課税事業者に転身するか、究極の選択を迫られるかたちになるのだ。

そのため、免税事業者にとって、インボイスは事実上の増税ともいわれている。

だが、もし消費税を支払ったら苦しくなるという理由で反対しているのなら、これまでの仕事のやり方に問題があったのではないか、と振り返ってみたほうがいい。納税申告を怠っていなかったか、どんぶり勘定で帳簿をつけていなかったか。帳簿をしっかりつけて、普通に消費税をきちんと支払っていれば、税務調査に怯える必要もないだろう。

あるいは、インボイスの登録手続きや消費税の確定申告が煩雑だったり、番号で管理されることに抵抗があって反対しているのかもしれない。

しかし、請求書のやり取りが正しく行われるようになり、事業者にとってフェアな制度であることはしっかり理解したほうがいい。

ちなみに、筆者はテレビ関係の仕事があるが、これまでに出演料では、消費税をもらっていなかった。しかし、筆者は消費税を毎年払っており、消費税分は持ち出しだった。一方、テレビ局は、筆者とテレビ局の間に入るエージェントには、消費税を払っていたという。なんのことはない、エージェントが筆者の消費税を収益としていたのだ。

インボイス導入後には、筆者にテレビ局が払った消費税が入るようになった。一方、間に入っていたエージェントは収入減となっただろう。

筆者は、こうした環境なので、インボイス制度をいいと思っている。間に入っていたエージェントには悪い制度だろう。果たして読者がどう考えるかは自由である。

健全な税制のためには、どうしてもインボイスが必要なのだ。

早急に「税源移譲」を実現すべき

現在、消費税は国税として徴収され、いったん国庫に入った後に、地方交付税や地方特例交付金として、各自治体に配分されている。

だが、本来、消費税は地方税であるべきだ。そうするメリットは二つある。

一つには、各地方自治体で徴税できるようになれば、中央省庁の徴収・配分の手間がなくなるので、ムダな人件費をカットできること。

もう一つは、地元住民の監視が働くので、徴収した税金でムダな公共物をつくらなくなることだ。地方自治体にしてみれば、現在は中央省庁からの補助金というかたちで、お金が天から降ってきている状態なので、ムダな公共物に税金を投じるケースが少なくない。

海外に目を転じると、消費税を国税として徴収している国は、英国やフランスが代表例だ。一方、オーストラリア、オーストリア、ドイツ、カナダなどでは、国と地方で分け合っている。米国では消費税がなく、代わりに小売売上税を地方が徴収している。

これらの国々をみたときに、地方分権が進んだ国ほど、消費税は地方税としての比重が高くなっている。日本の地方分権を進めるには、消費税の税源移譲がカギとなる。

消費税は地方税に最も適した税制の一つだ。

国に比べて徴税能力が低い地方でも、人件費などの徴収コストを低く抑えられる。それに、市町村のごみ収集や教育、消防、福祉などのサービスは、各自治体が担っており、これらは全て景気動向に左右されてはいけない業務だ。その点、消費税は地方でもそこそこの税収が見込めるため、財源不足で滞る心配もない。

行政サービスの財源となる租税の考え方には、「応能税」と「応益税」がある。応能税は、納税者の支払い能力に応じて課される税で、例えば所得税や法人税などの累進課税が該当する。一方、応益税は支払い能力に関係なく、行政サービスを受ける人がその便益に応じて負担する税であり、それにぴったりなのが消費税なのだ。

また、徴税事務のみならず、税率を決める権限も地方に移譲すれば、各自治体が適切な水準の行政サービスを提供しやすくなる。

このような話題になると、必ずといっていいほど「地方に消費税を任せたら自治体間で税率の引き下げ競争が生じる」「地方交付税をなくしたら自治体間に格差が広がる」といった反論が出てくる。

しかし、民間経済では、価格競争が起きたり、企業ごとに商品価格が異なったりするのは普通のことだ。これは消費者からすると歓迎すべきことだが、住民目線でみた自治体間の競争も同じである。税率やサービスに地域間競争が生じたとしても、経済に混乱を招く可能性は低いだろう。

それにもかかわらず、中央省庁、特に財務省は、地方分権や税源移譲などが自分たちの権限の弱体化につながるため、猛反対しているようだ。

消費税を国税として徴収してから地方に配分する。それはつまり、財務省が各自治体に恩を売り、支配力を行使しているということにほかならない。

所得税の完全捕捉で相続税、贈与税、法人税はゼロに

まだまだ元気な読者にとっては先の話かもしれないが、年をとると遺産相続について考えざるを得なくなる。その際には、贈与税や相続税の問題が出てくる。

しかし、実は所得税さえしっかり捕捉できていれば、贈与税も相続税も必要なくなる。その理由を説明しよう。

例えば、夫の両親から土地を譲ってもらい、マイホームを建てるとする。その場合、生前に贈与されるなら贈与税がかかるし、両親の死後に相続するなら相続税がかかる。つまり、生前にもらうか、死後にもらうかの違いだけで、どちらも税金を負担するのだ。

個人が所有する不動産を身内に譲るだけなのに、なぜ徴税されるのか疑問を持つ人もいるだろう。実は、贈与税も相続税も、相続税法によって定められており、贈与と相続は切っても切れない関係にある。相続税法に贈与税が入っている理由は、生前に贈与すること

で課税を逃れようとする行為を防ぎ、相続税を補完するためだ。

世界を見渡せば、相続税がない国も存在する。それによって、外国からの移住を促進したいという意図がある。

税理論で考えると、実は相続税は所得税と関係がある。生前に所得税でしっかり税を徴収できていれば、本来、相続税は不要だ。逆にいえば、生前に所得税を十分に徴収できていないから、死後に資産状況が判明した時点で、税を徴収するようにしている。つまり、生前の所得税の補完として相続税があるのだ。

所得税が高い国では、相続税がゼロになることもある。所得税を十分に徴収できているなら、亡くなった時点で支払うべき税金は、全て支払われたとみなされるからだ。

この考え方でいくと、相続税をゼロにできるなら、贈与税も同じくゼロにできることになる。そのためには、所得の捕捉率を100％にし、しっかりと所得税を徴収する必要がある。

もっとも、マイナンバーと銀行口座を紐づけることで、この問題は解消される。実際、相続税をゼロにする国が増えている。所得の捕捉率がＩＴ化によって、格段に向上しているからだ。

実は、法人税も理論的にはゼロにできる。日本を含めてほとんどの国では、個人と企業の両方に課税している。だが、法人は個人の集合体であり、個人の所得税を完璧に徴収できていないから、法人税で補完されている。逆に言うと、完全に個人の所得を捕捉できていれば、法人税を徴収する必要はないのだ。

もし、そうした捕捉システムが実現すれば、各国間での法人税率引き下げ競争にも、終止符が打たれるかもしれない。

２０２１年、国際課税改革において、ＯＥＣＤ加盟国などが最低15％の共通税率を適用し、企業の課税逃れ対策を強化することに合意した。

改革が行われる背景には、各国で企業誘致などのため、法人税率を引き下げる競争をしていたことがある。こうした競争を抑制し、最低限の法人税率を設定しようという国際的な動きがあった。もっとも、それまでのＯＥＣＤ各国の法人税率は、ほぼ20％から30％の間にあったため、下限を15％にしたところで懐が痛む国は少なかったが。

いずれにせよ、当面の間はこうした国際的な圧力があるため、日本も今はまだ法人税率を大幅に引き下げることは難しいだろう。

というか、財務省は税収をなるべく増やしたいため、わざわざこのような減税の議論はしない。こうしたことをマスコミが理解していないため、財務省はいくらでもごまかせると踏んでいるのだろう。

喫煙者は「たばこ税」で搾取され続ける

若いころからたばこを吸っていて、なかなかやめられないシニア層の読者には、少し耳の痛い話をしよう。

すでにご存じかもしれないが、喫煙者は長年、財務省にとって、おいしい稼ぎ頭となっている。なぜなら、「たばこ税」がどんどん上がっているからだ。

２００３年から２０２１年まで、たばこ税は6回も増税された。例えば、代表的なたばこ銘柄の「メビウス（旧マイルドセブン）」の値段は、２００３年は２７０円だったが、現在は５８０円にまで上がっている。

世界的にみても、たばこの価格は上昇している。たばこを吸える喫煙所も限られてきており、喫煙者にとっては肩身の狭い状況が続いている。

特にたばこによる健康被害の研究データが豊富で、習慣性や依存性が証明されている。そのため、たばこ税がアップされても税収は大幅には増えない。

このような嗜好品については、社会のニーズや状況に応じて、税金が段階的にかけられていく。それでも国には「愛煙家はたばこを吸い続けるだろう」という算段があるため、徴税する立場からすればラクな税収源の一つだ。

たばこの価格には「国たばこ税」「地方たばこ税」「たばこ特別税」「消費税」の4種類の税が含まれている。銘柄などによって異なるが、一般的な紙巻きたばこでは、税が価格の6割を占めることもある。

たばこは、ビールやウイスキーなどの酒類、ガソリンや灯油といった燃料と比較しても、日本で最も税負担の重い商品の一つだ。

喫煙量は年々減少しており、日本たばこ協会が発表するデータによれば、紙巻きたばこの販売数量は1996年度の3483億本、売り上げは1999年度の4兆2600億円がピークだったが、2022年度には926億本、2兆5129億円まで減少している。

しかし、財務省（国たばこ税、たばこ特別税）と総務省（地方たばこ税）が発表しているたばこ税の推移をみると、少なくとも1998年度から2021年度まで（2018～2020年度を除く）の税収は、2兆円を超える水準で維持されている。言い換えれば、税率を調整することで、2兆円を下回らないようにしているともいえる。

もし税金を支払うのが嫌なら、みんながいっせいにたばこをやめれば、それ以上は税収が増えなくなる。しかし、習慣性や依存性があるから、それは難しい話だ。

習慣というのは、若いころに身につく。若いうちにたばこを吸う習慣をやめられなければ、年をとっても、健康を損なっても、よほど強い意志がない限り、すぐにはやめられない。一度たばこを吸う習慣が身についてしまうと、病院で禁煙治療を施すといった方法しかなくなっていく。

喫煙者の状況はだんだん厳しくなっているが、非喫煙者による「公共の場でたばこを吸うな」という主張は、私権制限ではない。なぜなら、「外部性」という観点からみれば、たばこの煙は、交通違反や工場による大気汚染、旅客機の騒音などと同類だからだ。

外部性というのは経済学の概念で、ある経済主体の意思や行為が、他の経済主体に影響を与えることを指す。外部不経済と呼ぶこともある。

喫煙の場合、他人が吸うたばこの煙を吸い込む受動喫煙のリスクや、たばこを原因とする健康損失が国民全体の医療費負担を引き上げてしまう問題などがある。そのため、道路でのスピード違反を取り締まるのと同じように、喫煙行為にも一定の制限が可能だ。

多くの人々の権利を制限するのではなく、ごく一部の人が対象のため、公共の福祉を名目にたばこを吸う場所を制限できる。こうした背景から、2020年4月、改正健康増進法が施行されて、受動喫煙防止の動きが生まれた。これにより、飲食店などに受動喫煙防止義務が課されるようになった。

それでも喫煙者は、財務省に税金を支払う宿命から逃れられない。

ちなみにお酒は外部性が低いため、たばこほどは値上げされない。たまに他人に迷惑をかける酔っぱらいもいるが、たばこの煙よりも害は少ないと考えられている。お酒の害は主に本人が受けるため、外部性が低いという考え方だ。

ただし、飲酒運転は別だ。これは外部性が非常に高いため、罰金が高額になり、即座に免許取り消しになる可能性もある。

「ガソリン税」が減税されない理由

まだ現役で自動車を運転している人は、昨今のガソリン価格の高騰で頭を悩ませていることだろう。政府は対策として、これまでにガソリン補助金を数兆円規模で支給してきたが、多くの人々が「トリガー条項」の凍結解除による減税を望んでいる。

トリガー条項とは、ガソリン価格の高騰時に一時的にガソリン税の一部を免除して、消費者の負担を軽減する仕組みだ。

具体的には、ガソリン価格が１６０円の場合、そのうち約50円がガソリン税だ。内訳は、本則の税率25円（揮発油税＋地方揮発油税）、暫定的な税率25円（揮発油税＋地方揮発油税）。さらに１６０円の総額には、消費税16円も上乗せされる。そこで、もしトリガー条項の凍結が解除されれば、暫定的な税率25円分が一時的に免除される。

だが、２０２４年1月現在も、この条項が凍結されているため、ガソリン価格は１６０円以上のままだ。政府は「ガソリンの買い控えが起こるから」という理由から、減税しようとしないが、実際にはガソリンは必需品であり、買い控えが起こる可能性は低い。そのため、この説明はさっぱり理解できない。

ガソリン税は特定財源ではなく一般財源のため、使途が特定されておらず、減税したからといって、何か大きな影響が出るわけではない。だが、財務省は、減税という言葉に条件反射的に反対しており、また関わりのある国土交通省や経済産業省も渋っている。

国交省が反対する理由として、かつてガソリン税は特定財源で、道路財源に充てられていた。当時の名残からか、今も国交省はガソリン税が減税されると、道路財源も減らされてしまうのではないか、と危惧しているからだろう。

経産省のほうは、割と中立的な立ち位置だが、そこはやはり官僚らしく、減税を嫌う傾向があることは否めない。

補助金と減税の両方が予算の主な使い方だが、補助金は事前申請が必要で手間がかかるから、予算の未消化が起きやすい。

ただし、自治体側が給付対象者に事前通知する「プッシュ型」の給付金というのもあり、この方法なら手続きの業務量を大幅に削減できる。

プッシュ型の給付金は、欧米先進国では主流になりつつあるが、日本ではマイナンバーと銀行口座が最初はリンクされておらず、なかなか導入されなかった。

2022年、ようやくマイナンバーと公金受取口座がリンクできるようになった。それにより、公金受取口座を登録しておくと、年金や児童手当などの給付金を申請する際に口座情報の記入、通帳の写しの提出などの手続きが不要になったのだ。

そのため、家計に直接振り込まれる分野では、補助金のほうが有益な場合がある。

一方、減税は国が決めることで、事前申請が不要のため、予算は原則的に100％消化される。

ガソリンには多くの税が課されており、二重課税といわれている。そのため、補助金より減税のほうが、はるかに透明性があって簡易かつ明確だ。

補助金でも減税でも、経済効果は同じくらい期待できるのに、なぜか政府は一向に減税を実行しない。消費者に直接恩恵が行き渡るため、効果を計測しやすい減税に対して、補助金は事業者にも支給されるため、消費者には効果がみえにくい。また、政策コストは当然、手間が増える補助金のほうが大きくなる。

しかし、財務省をはじめとする官僚の視点からすると、減税では消費者にありがたみを感じさせることができず、補助金だと事業者に恩を売れる。そのためにどうしても補助金が選ばれがちだ。

ほかの先進国と比べても、日本は補助金の割合が高い。

筆者はかつて、先進各国での各種政策における補助金と減税の比率を調べてみた。そのデータによれば、日本は補助金が8割ある一方で、他の先進国では5割以下だった。

補助金は税を集めて配るため官僚、とりわけ財務官僚の存在感が大きくなる。しかし、減税は税を集めないため、官僚からすると中抜きされるかたちになる。

補助金と減税には分野ごとに得手不得手があるが、補助金が多すぎると官僚の存在感が大きくなりすぎるという問題が生じる。予算を効率的に消化し、政策の透明性を確保するためにも、減税のほうが補助金よりも効果的だ。

ガソリン税を「炭素税」に改名する可能性も

ガソリン税の話が出たので、近年の世界的な流れになりつつある「炭素税」についても解説しておこう。

炭素税は、二酸化炭素を排出する活動に課される税金だ。例えば、自動車を運転してガソリンを燃やすと排ガスが発生し、その排ガスには二酸化炭素が含まれている。こうした自動車や工場などからの二酸化炭素排出量に比例して課税し、環境への負荷を軽減する税制として設計されている。

二酸化炭素の排出量削減に向けた取り組みは世界的な動向であり、ノーベル経済学賞を受賞した学者たちも炭素税に関する研究を行っている。

日本でも環境保全の観点から、炭素税の導入が検討されている。すでに2012年に、石油、天然ガス、石炭といった化石燃料の二酸化炭素排出量に応じて課税される「地球温暖化対策のための税」という税制が導入されている。

既存の税金でいえば、自動車やバイクからも二酸化炭素が排出されるため、ガソリン税も同じようなものだ。しかし、ガソリン税は環境保護のために設けられているとは言い難い。それはガソリン税の歴史を振り返ればわかる。

日本でのガソリン税の始まりは、道路整備が喫緊の課題とみなされていた時代にまでさかのぼる。１９５２年に道路法が全面改正され、有料道路制度が導入された。さらに翌１９５３年には揮発油税の特定財源化などの法整備が行われた。この時に特別財源として設定されたのがガソリン税で、税率も同時に決定された。

だが、現在のガソリン税の税率には明確な根拠がなく、恣意的に決められている。例えば、米国で設定されているガソリン税と比較しても高い水準だ。

ガソリン税は、国交省が道路整備の財源などに使用している。以前は道路特定財源だったが、小泉政権のときに一般財源へと変更された。しかし、国交省はまだその権限を保持している。

筆者も一般財源化の際に官邸で関わっていた。

一般財源化は財務省も賛成していたが、自動車メーカーからは苦情があった。なぜなら、道路建設は自動車の販売に直結してくるからだ。そのため、自動車業界では一般財源化を望まないという意見もあった。

この時は、将来的に炭素税に移行することを想定されていた。そのためにはガソリン税を一般財源化しないと、特定財源からの急激な移行は難しいと考えられていたのだ。

ガソリン税は今も主に道路整備で使われており、環境保護のために課税されているわけではない。もしそれを炭素税にできれば、ガソリン税の二重課税の問題がきれいに整理できる。排ガスを出す人々に課税されるため、その削減を目指せる。

現在、炭素税の導入に関しては、課税や税率の決め方が課題となっている。そのため、世界的にみても炭素税を導入している国はまだ多くはない。

仮に炭素税が導入されても、私たちの負担が増えるわけではない。実際には、既存の税制を見直して、より効率的な税率を設定することを目指している。

例えば、個別物品税をなくして商品にかかる税金を統合し、税率を適正化することと同じだ。今ある税を調整して炭素税に改名してしまえばいい。

将来的には、炭素税に移行することが考えられている。その際には、現行のガソリン税、揮発油税が炭素税に統合される可能性がある。

しかし、ガソリン税を炭素税にどう変えるか、所管が国土交通省から環境省に変わるのか、具体的な移行手続きや所管官庁の変更についてはまだ明確ではない。

第4章　社会保障・年金のイロハ

社会保障は「保険」制度で運営されている

年をとると、通院による医療費がかさんだり、いろいろな社会保障制度を利用する機会が増えてくるだろう。ひと口に社会保障といっても、公的年金制度や医療保険制度、雇用保険制度、労災保険制度、介護保険制度など様々あるが、これらは全て保険だ。

それらの費用は税金や保険料で賄われている。社会保障の給付と負担について、2023年度予算ベースで具体的に状況をみてみよう。

まず給付の合計は約134・3兆円だ。内訳は、年金が60・1兆円、医療が41・6兆円、介護が13・5兆円、その他が19・1兆円となっている。

これに対して、負担の内訳は保険料が77・5兆円、公費が53・2兆円、積立金運用収入等が3・6兆円で、合計は給付と同じ約134・3兆円だ。

社会保障の大半を占める年金、医療、介護の給付は本来、全て「保険」方式によるもので、その財源は社会保険料からきている。保険方式を簡単に説明すると、病気にかからなかった人のお金で、病気になった人の医療費を保障（医療保険）したり、先に亡くなった人のお金で、長生きした人の生活を保障（年金）したりする仕組みだ。財源を税金で確保

2023年度の社会保障の給付と負担　単位：兆円

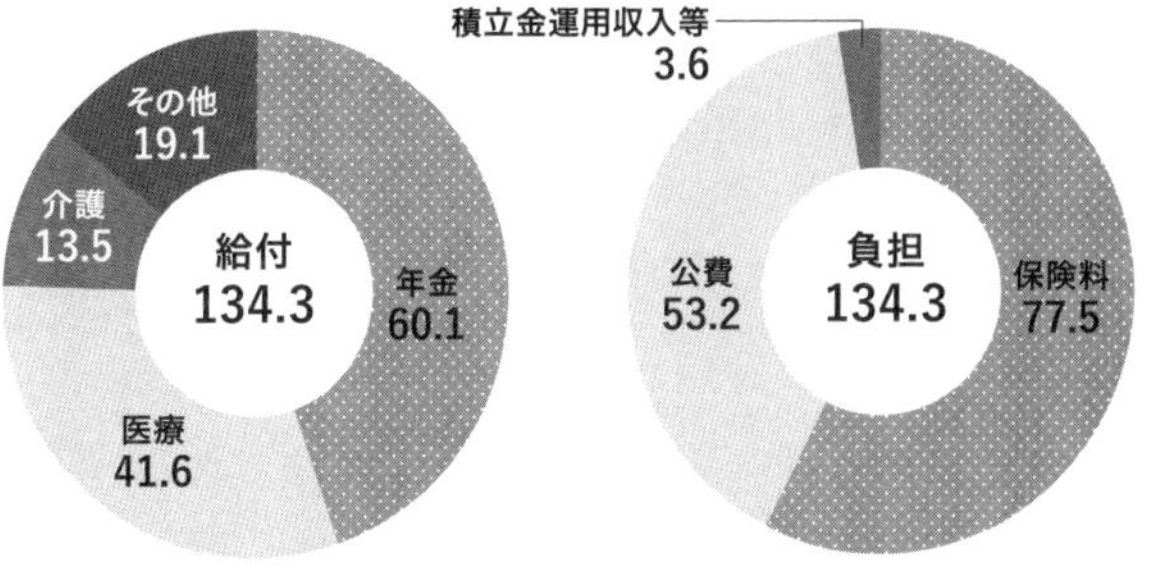

（厚生労働省「社会保障の給付と負担の現状」より）

する「税方式」とはまったく異なるものだ。

ただし、日本では社会保険料の割合は半分程度であり、「公費」という名の税負担の割合が相対的に大きい。

その理由の一つに、消費税が社会保障目的税として利用されていることが挙げられる。これは他の国と異なりきわめて珍しいことだ。

もし、保険方式であれば、社会保険料と給付との関係が明確になり、国民が適切な保険料を選択しやすいという利点がある。

しかし、日本では公費も投入されているため、社会保険料と給付の関係が不透明であり、保険方式が効果的に機能していない現状がある。

そのため、社会保障財源を安易に税金に求めるべきではない。まずは社会保険料を漏れなく徴収する方法を確立することが最優先だ。

日本には、税金や年金などを一括して徴収する「歳入庁」のような組織がなく、社会保険料の徴収が効率的に行われていない。世界の常識である歳入庁を創設すれば、税金と社会保険料を効率的に徴収できるようになり、漏れを減らすことができる。

取りっぱぐれている額については、いろいろと推計があり、少なくとも数兆円規模に上るといわれている。裏を返せば、歳入庁を創設させないために、消費税を社会保障目的税化しているようにさえ思えてくる。

歳入庁の創設は、財務省を解体し、国税庁と日本年金機構の徴収部門を統合するなどの大胆な措置が必要だ。

これは官僚からすれば、かなりの荒業で、国税庁を財務省から切り離すことになる。そのため、財務省の反対が強く、実現は容易ではない。第1次安倍政権でも、民主党政権でも実現できなかった。というより、そうした話をすることすらタブー視されていた。

国税庁は強力な調査能力を有しており、政治家も国税庁によりお金のやり取りを完全に把握されている。そのため、国税庁の上部組織である財務省にはどうしても頭が上がらないのだろう。

公的年金制度が破綻しない理由

財務省は社会保障費の増加を理由に、消費税を引き上げようとしている。

しかし、年金は社会福祉ではなく社会保険の一種だ。社会保険は、保険料を支払った人が給付を受ける仕組みだから、社会保障費を賄うなら増税ではなくて、保険料を増やす方法でも問題はない。

こうした考えが普及すれば、「社会保障費を賄うには増税しかない」という理屈は通用しなくなる。保険なら保険料を引き上げれば十分だし、保険と税金は無関係な話なので消費増税する必要はない、という結論になるのが当然だからだ。

現役世代からは、「なぜ高齢者の老後の生活費を増税で自分たちが負担しなければならないのか」と、シニア層を目の敵にするような意見もよく聞かれる。しかし、シニア層の読者は、財務省の世代間対立を煽るような言説に惑わされず、現役世代に気を使わずに堂々と長生きしてほしい。

年金制度は基本的に、公的年金である「国民年金」「厚生年金」と、「私的年金」の３階建てで構成されている。国民年金は、所得に関係なく全員に一定額が給付され、厚生年金

年金の「3階建て」構造

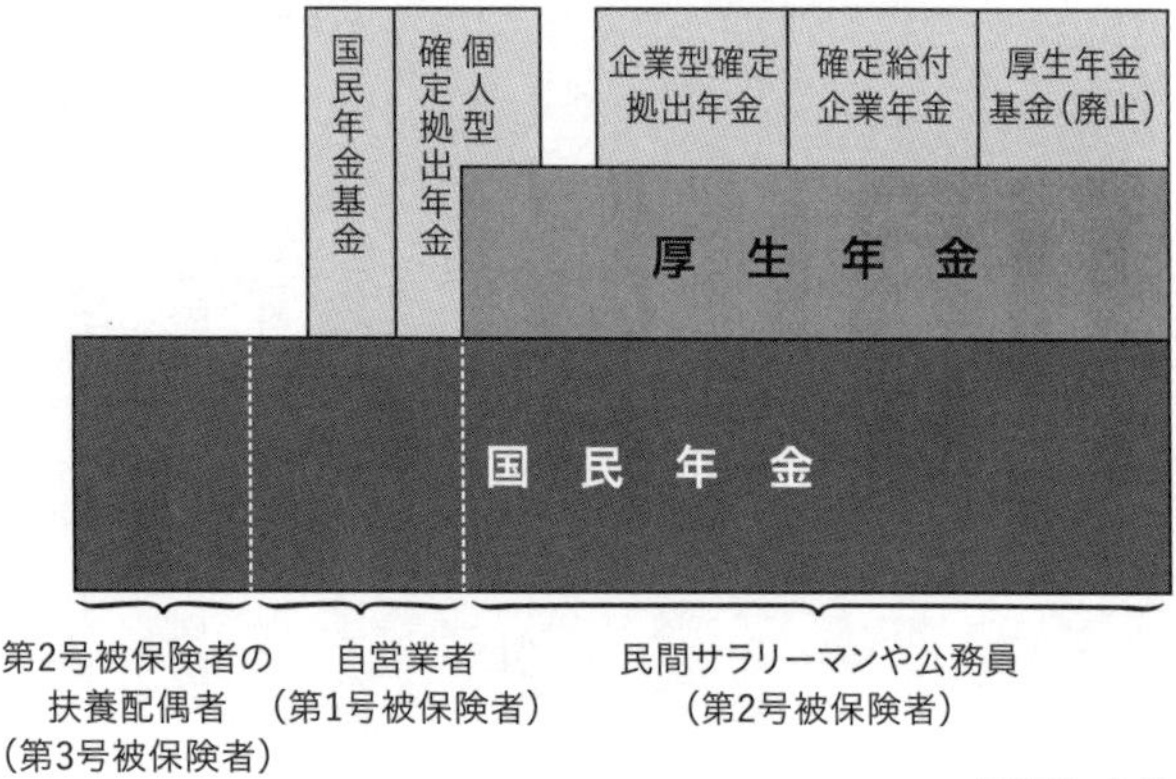

（編集部で作成）

は所得に応じて給付額が決まる。こうして現役世代が支払った保険料を、その世代の高齢者に給付する「賦課方式」で運営される。

1階部分で給付される「老齢基礎年金（国民年金）」は、20歳から60歳までの40年間、保険料を支払った人には満額が支給される。所得の多寡にかかわらず、保険料の納付期間に応じて支給額が決まる。自営業者や農業者などの第1号被保険者、会社員や公務員などの扶養配偶者である第3号被保険者には、この1階部分しか支給されない。

2階部分は、1階部分に上乗せされる報酬比例の「被用者年金（厚生年金）」で、会社員や公務員などの第2号被保険者に支給される。この年金の場合、60歳を過ぎても企業に勤めていて加入資格があれば、70歳まで支払うことになる。所得や支払った保険料に応じて支給額が決まるため、多く支払った分だけ年金の受取額も増える。

これらの公的年金は、年金を収める現役世代から、年金を受け取る高齢世代への仕送りのようなものだ。そのため、このまま少子高齢化が進むと、将来的には年金支給のための保険料が不足すると心配する人がいるかもしれない。

しかし、現状では、公的年金制度が破綻する可能性はかなり低いと考えられる。

その理由は、保険料の水準が現役世代の収入に応じて設定されており、将来の経済状況を考慮して年金支給額が適切に調整されているからだ。

亡くなった場合は年金を受け取れず、その分は存命している者に配分される。年金は死亡保険とは異なり、長生きすればするほど受け取る額が増えていく保険システムだ。もちろん、保険料を適切に支払わなかった場合、原則として年金を満額受け取れないから注意しておきたい。

次に、年金保険料と年金受給額のバランスをみてみよう。ここでは会社員や公務員（厚生年金）のケースで、70歳までの50年間保険料を支払い、71歳から90歳までの20年間にわたって年金を受け取ると仮定する。

会社員が支払う年金保険料は年収の約20％だ。これを50年間支払うと、年収の約10倍に相当する（50年×20％＝１０００％）。一方、老後にもらえる年金は年収の約50％で、20年間受け取ると年収の約10倍になる（20年×50％＝１０００％）。つまり、年金保険料と年金受給額はほぼ同じ額になる仕組みだ。

そのため、現役時代に過剰な貯蓄をしてまで消費を減らす必要はない。年金とは長生きしても生活資金がなくなるというリスクに備えるための保険なのだ。また貯蓄の場合、将来の物価や賃金の変動に応じて、価値が目減りするリスクがある。それとは異なり、年金は物価や賃金を考慮し、その時々の経済状況に応じた実質的な価値が保障されている。

年金制度は保険の原理に基づいており、いたってシンプルな設計だ。少子高齢化が進んでも、適切な運営がなされていれば破綻することはない。

もし老後に公的年金だけでは心配な場合、前出の図の3階部分に相当する、任意加入の私的年金を検討してみよう。企業年金や確定拠出年金などがあり、自分で積み立てて運用する「積立方式」だ。個人型確定拠出年金（ｉＤｅＣｏ）がわかりやすい。

特に自営業者は1階部分しかもらえないため、「付加年金」や「国民年金基金」などを利用して毎月の国民年金保険料に追加して支払うことで、老後の基礎年金額に加算される。

このため、より豊かな老後の生活が期待できるようになる。

年金破綻論者の意味不明な増税根拠

年金制度が破綻すると主張する人たちは、主に四つの根拠をよく挙げる。

一つ目の根拠は年金の「積立金不足」だが、この主張はいろいろとピントがズレている。まず公的年金制度は将来にわたって安定するように設計されている。その安定性はＢＳでみれば明らかだ。統合政府の財政と同じように、年金にもＢＳがある。

国が徴収する保険料は「資産」、給付する年金は「負債」となる。賦課方式の年金制度は、将来にわたって継続していくことを前提にしているため、ＢＳを作成する際には、過去から遠い未来まで全てを考慮する必要がある。

そうすると、国は永遠に保険料を徴収できるため資産は無限大になり、一方で給付も永遠に続けるから負債も無限大ということになる。だが、将来の資産と負債の価値を現在価値に直すと、計算可能な額になる。

厚生労働省が作成しているＢＳでは、おおむね１００年間にわたる厚生年金、国民年金の財源と給付の内訳を運用利回りで現在の価格に換算して表している。

公的年金のバランスシート　単位：兆円

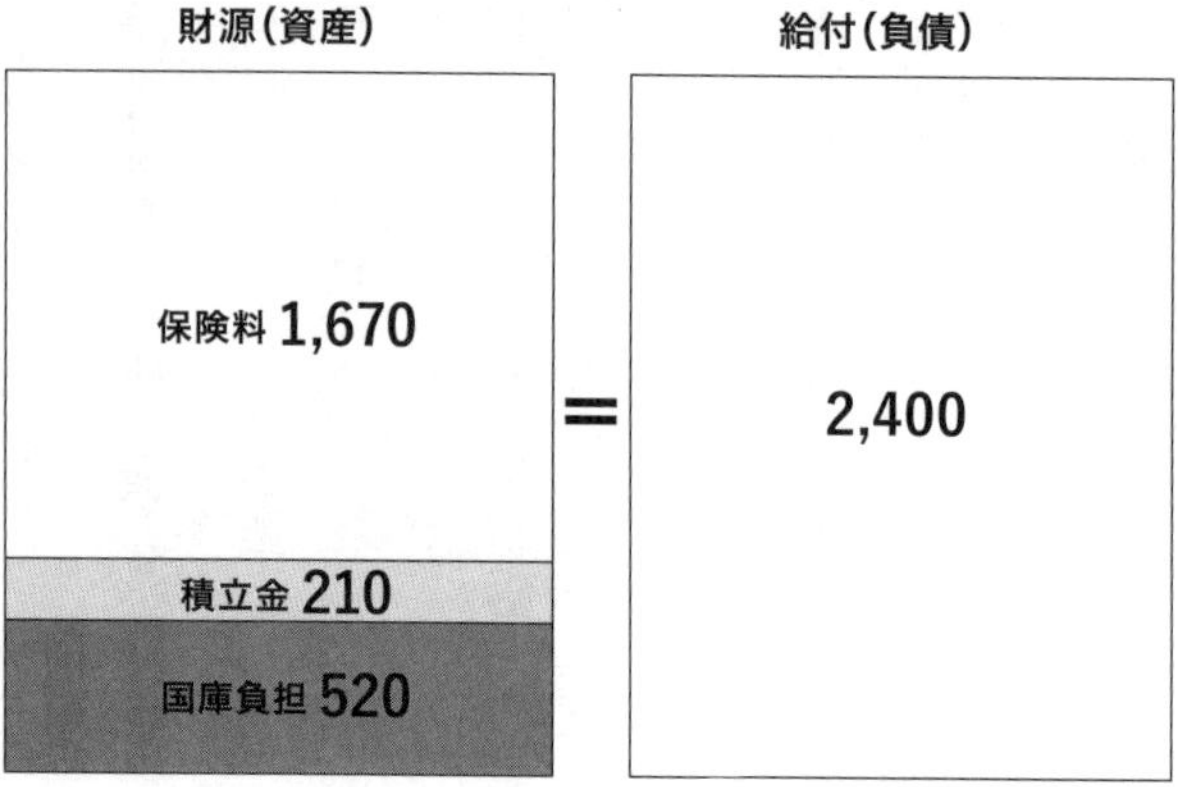

（厚生労働省「2019年財政検証関連資料」より）

「２０１９年財政検証関連資料」の公的年金BSによれば、負債は２４００兆円で、資産も２４００兆円。資産の内訳は保険料が１６７０兆円、国庫負担が５２０兆円、積立金が２１０兆円だ。

　ここから読み取れるのは、前項で説明したように、本来なら公的年金制度は原則的に賦課方式で運営されるはずが、現状では一部積立法式も併用されて、いびつな形になっていること。賦課方式年金は他の先進国でも行われており、積立金なしが原則だ。そして、積立方式が占める割合は1割にも満たず、残り9割以上が賦課方式であるため、積立金の微増減が年金制度の根幹を揺るがすほどの影響はないということだ。

それらのことを踏まえた上で、年金の財源不足を主張する人は、ＢＳを途中で区切ってみているのだろう。

未来永劫にわたる年金資産と年金負債でＢＳを作れば、保険料＝給付額という式から資産と負債は必ず一致するが、どこかの時点で区切った場合だけみれば、負債のほうが大きくなって債務超過になる。

その理由は、年金のスタート時点までさかのぼるとわかる。１９６１年に国民皆年金が始まったが、その時点ですでに仕事をリタイアして、年金を積み立てられていない高齢者がいた。そのため、結果的に現役世代の保険料を老齢世代の給付に充てる賦課方式を採用せざるを得なかった。

当然ながら最初の段階では、保険料を１円も納めていない人にも年金を給付しなければならないため、単年でＢＳを作れば必ず赤字になってしまう。その分は税金などで補填するしかない。

しかし、時間が経過して制度が長続きするほど「保険料を支払わないのに年金は受け取る」人の数は減っていくため、赤字がなくなって債務超過は解消されていく。制度が成熟するにつれて、保険料と給付は必ずバランスしてくるというわけだ。

国民負担率の国際比較　単位：%

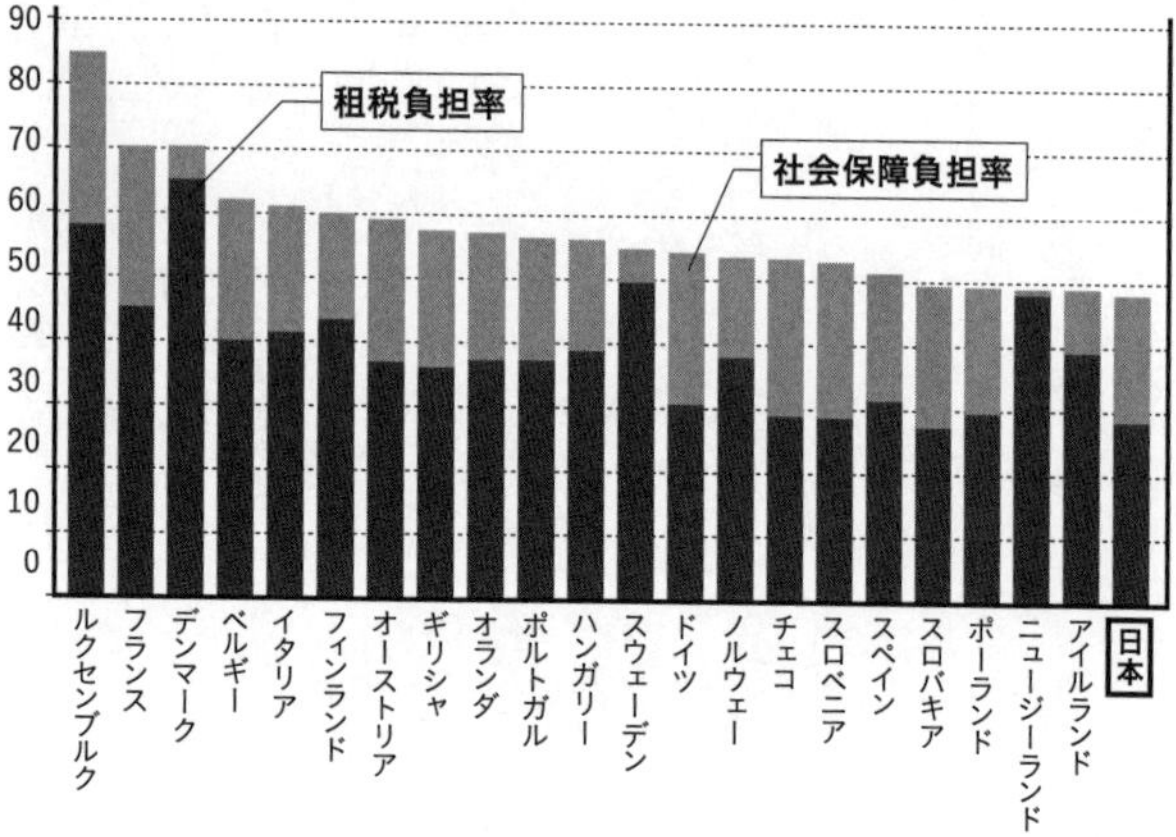

（財務省「負担率に関する資料」より）

保険料の不足額が年々増え続けるなら問題だが、少しずつでも減っていれば何も問題はない。必要に応じて給付額や保険料率を調整すれば、永続的に年金制度を安定させることができるのだ。

二つ目の根拠は、「現役世代X人で一人の高齢者の年金を支える」というデータだが、この議論はそもそも前提がおかしい。なぜなら、年金問題は単にX人という人数ではなく、むしろ所得の問題だからだ。人数×所得＝年金額という式で計算しないと意味がない。

昔は6～7人で一人の高齢者を支えていたが、当時の一人当たりの給料は多くなかった。しかし、今は給料が増えている。もし給料が２倍になれば、３〜４人で一人の高齢者を支えられる。現役世代の人口が減少しようとも、経済成長をしていれば年金制度は安定する。

三つ目の根拠は、「国民負担率」のデータだが、これも正確ではない。国民負担率は、「租税負担率」（租税の対国民所得比）と「社会保障負担率」（社会保障費の対国民所得比）を合算したものだ。これが大きくなると、一般的には税金や社会保険料の負担が増えることを示唆している。国民負担率が高くなるかどうかは、国民の選択次第だ。高い福祉を望めば重い負担になり、低い福祉なら軽い負担で済む。

実は、日本の国民負担率はＯＥＣＤ36カ国で国際比較すると22番目に位置しており、そこまで高くない。

四つ目の根拠は、「所得代替率が低い」というデータだが、この数値はよく誤解されている。

所得代替率とは、現役時代の収入の何％が年金として受け取れるかを示している。年金は50年分の支払い額と20年かけての受け取り額が同じだから、毎月支払った保険料の２・５倍が年金受給額だ。厚生年金の場合だと、毎月の給料から20％を保険料として払っているため、所得代替率はだいたい20％×２・５倍＝50％くらいになる。

ここでよくあるのが、「所得代替率は高いほうがいい」という誤解だ。

もちろん、所得代替率を上げることは可能だが、そうすると現役時代の保険料が高くなってしまう。ほとんどの人は、これ以上、保険料が上がると不都合だろう。

実は、所得代替率が高い国々は、その制度が回らなくなって破綻する例もある。逆に、所得代替率が低い国ほど年金制度は安定している。そのため、日本はむしろ安定している国だといえるだろう。

現役時代の保険料負担をできるだけ少なくする代わりに、老後の年金はあくまでミニマムの範囲に留めるのが、現行の年金制度の特徴だ。このバランスがとれている限り、制度が簡単に破綻することはない。

将来の年金に不安を感じているなら、老後の備えとして対策を考えるのが最大の自己防衛策となる。その意味では、高齢者でも長く働ける社会を実現することも、マクロ経済的に考えて有益だ。

年金制度の問題点と解決策

現在の年金制度には問題もある。ここでは二つの事例を紹介しよう。

一つめは、２０１６年に問題となった「年金積立金管理運用独立行政法人」（ＧＰＩＦ）だ。ＧＰＩＦは、国民年金と厚生年金の年金積立金を運用する組織である。かつて問題とされた理由は、５兆円を超える運用損失を出したからだ。

もっとも、株式の運用には、上昇もあれば下落もある。民主党政権下では、経済不況により運用利回りが低くなったが、安倍政権が発足した後は回復した。２０１６年は、その利回りが一時的に下がっただけで、その後に株価は上昇して再び収支が好転した。

トータルでみれば、市場運用開始以降の２００１年度から２０２３年度第２四半期までの収益率は年率プラス３・91％、累積収益額はプラス１２６兆６８２６億円（うち利子・配当収入は49兆２１９５億円）と着実に資産を積み上げており、運用資産額は２１９兆３１７７億円となっている。

とはいっても、ＧＰＩＦ自体は根本的な欠陥を抱えており、筆者としては不要な組織だと考えている。その欠陥とは、ＧＰＩＦによって運用されている積立金の原資が、本来は存在しないはずの公的年金の積立金である点だ。公的年金は賦課方式なので、積立金があること自体がそもそもおかしい。

もし年金を積立方式にした場合、インフレによるお金の目減りに備えて、積立金を株式などで運用する必要がある。しかし、現在の公的年金は賦課方式で、物価スライドの仕組みを取り入れており、インフレヘッジをしているので問題はない。

百歩譲って、どうしても公的年金を市場で運用するのなら、株式ではなく、インフレ対策として「物価連動国債」での運用が適している。ただし、GPIFの運用が全体に占める割合は小さいため、問題が生じても年金制度が破綻する心配はほとんどない。

二つめの問題は「徴収漏れ」だが、これが最も厄介で、早い話が「脱税」だ。

そもそも、日本の年金は全国民が加入する「皆保険」制度であり、その意味では社会保険料は税金と同じ性格のものだ。

年金保険料は本来、全ての滞納者に対して強制徴収されるべきだが、これまでは年金保険料を納めていなくても、強制徴収されることはほとんどなかった。そのため、「年金保険料は払わなくていい」と思っている人も少なくないが、それは大きな間違いだ。

そもそも「未納」という表現が正しくない。「滞納」こそが正しい表現で、意図的に滞納しているのなら、それはもはや脱税だ。

保険原理からいえば、年金財政が厳しくなった際には、税の投入ではなく保険料の引き上げが適している。だから、まずは歳入庁を創設して、税と社会保険料を一体的に徴収し、社会保険料の取りっぱぐれを減らす必要がある。

運営が難しい「健康保険」はマイナ一体型が理想

「健康保険制度」は、年金制度以上に運営が難しいし、多くの課題がある。

年金は人口減少など予測可能な要因が多く、大きな戦争や巨大な自然災害でもない限り、年金数理をもとに将来の年金支給額を計算しやすい。

しかし、健康保険は10年後、20年後の医療費の総額がいくらになるか、という予測がしづらい。将来、また新型コロナウイルスのようなパンデミックがまん延するかもしれないため、先読みがしづらく、治療費の不透明さがあるからだ。

医療の進歩により、新しい治療法や薬が開発される一方で、治療費の高額化も懸念される。すでに数百万円かかる高度な治療も存在している。

こうしたことから、年金よりも医療費のほうが予測しづらいのだ。

医療費の一部は公的健康保険でカバーされ、それを超える高度な医療は民間医療保険でサポートされる仕組みが構築されつつある。今後は、公的健康保険と民間医療保険を使い分ける人が、目立ってくるだろう。

高齢化が進むなかで医療ニーズが増加する一方、国民が負担できる保険料には限界がある。そのため、いずれは保険対象となる医療費の総額が設定されていくだろう。医師が患者の症状を選別し、症状の重い人から優先的に、総額の範囲内で配分されるような方法が検討されていくと予想される。

健康保険制度の運営が難しいもう一つの要因は、本人確認が容易でなかったことだ。従来の保険証には顔写真がなく、他人のなりすましや不正利用、本人確認のミスがかなり発生していた。厚労省のデータによれば、年間約500万件もの再確認が必要とされ、そのコストは約1000億円に上っていたという。

健康保険証が本人確認の一環となっていた社会システムでは、人間の性善説を前提としていたため、マイナンバー保険証への移行が急がれていた。そこで、一体型の「マイナ保険証」になれば、他人によるなりすましや不正使用の問題は解決できる。

すでに紙の保険証は廃止して、マイナンバーカードに一本化する作業が進められている。岸田首相は最近、国民の不安解消を最優先に考え、現行の保険証は1年間の猶予期間を設けて引き続き利用可能とし、その間に不安を解消する方針を掲げた。

ここで読者の中には、2023年にマイナンバーカードに別人の情報が7000件以上登録されていた件を思い出す人がいるかもしれない。この問題があったせいで、世論調査でもマイナ保険証への移行の延期や、撤回を求める声も出ている。

だが、こうしたケースでは、事例数だけでなく、その比率を考慮することが重要だ。7000件という事例は、国民全体の0・0056％にすぎない。約1・8万人に一人という確率のため、年末ジャンボ宝くじ4等5万円の当選確率である1万人に一人よりも低く、その半分程度にすぎない。

このように確率の観点から考えると、筆者なら1・8万人から選ばれるとはあまり考えない。だが、世論調査の結果をみると、こういう場合は「自分が該当するかも」と不安を覚える人も多いようだ。

こうした心理的な反応は避けられないが、一方で報道ではあまり批判を煽らないほうがいい。新しい制度へ移行する際には、一時的なミスが発生する可能性はあるが、まったく移行しない場合、永続的なデメリットが生じるからだ。一時的なミスと永続的なデメリット、この双方をしっかり比較検討することが、国民の不安解消のためには必要だ。

筆者は20年ほど前の官僚時代、国税電子申告・納税システム（e‐Tax）の構築に携わった経験がある。これは、国民の確定申告など納税に関する作業を簡単にできるようにするシステムであり、一部を改良すれば国民にお金を配布することも可能だった。それなのに、お金を徴収するシステムはいち早くつくり、配布する準備には20年もかかった。これが、新しいシステムに移行しないことで生じるデメリットの一例だ。

マイナンバーカードの健康保険証利用は２０２１年10月から始まり、２０２３年９月からは全ての医療機関・薬局で利用可能になった。現在も急ピッチで環境整備が進んでおり、いずれは本人の再確認がほとんど不要となり、医療機関・薬局でも事務コストの低減が実感されていくだろう。

「後期高齢者医療費」の本人負担増には配慮が必要

後期高齢者になると、国民健康保険から「後期高齢者医療制度」に移行する。この医療制度には、75歳以上（一定の障害がある人は65歳以上）の全ての人が加入する。

後期高齢者医療制度に切り替える際には、これまで加入していた医療保険から脱退する必要があるが、これは自動的に行われるため、煩わしい手続きは必要ない。

ただし、後期高齢者医療制度に加入する前に、会社の保険に加入していた人に扶養されていた場合、国民健康保険への加入手続きが必要となる。

高齢者の医療費の窓口負担割合

2022年9月30日以前

	一般所得者	現役並み所得者
75歳以上	1割負担	3割負担
70〜74歳	2割負担	3割負担

2022年10月1日以降

	一般所得者	一定以上の所得者	現役並み所得者
75歳以上	1割負担	2割負担	3割負担
70〜74歳	2割負担	2割負担	3割負担

（厚生労働省「医療費の一部負担（自己負担）割合について」より）

医療保険制度は、現役世代の負担を抑えるという理由で、これまでに医療費の本人負担額の引き上げがたびたび議論されてきた。そんななかで２０２２年10月、全世代が公平に支え合う「全世代対応型の社会保障制度」を築く目的で法改正が実施された。

もともと窓口負担は70〜74歳が２割、75歳以上が１割、年収３７０万円以上の人は３割だった。これが法改正により、現役並みの所得者を除く75歳以上で、一定以上の所得がある人は、医療費の窓口負担割合が１割から２割に変更された。負担割合が２割となる人には、外来の負担増加額を月３０００円までに抑える配慮措置も設けられた。

そもそも医療費の現状がどうなっているか

というと、厚労省が2023年10月に公表した「国民医療費の概況」によれば、2021年度の国民医療費は45兆359億円で、前年度比4・8％増加している。年齢別にみると、75歳以上の医療費が17兆2435億円と全体の約38％を占め、一人当たり約92万円。一方、65歳未満の医療費は17兆7323億円と全体の約39％で、一人当たり約19万円だった。

ここからわかるように、高齢者への医療費が大部分を占めている。

公的医療は、世界の先進国では保険制度として運営されている。保険原理の観点からいえば、病気になる確率が高い人の保険料が高く設定されるのは合理的だ。その意味では、高齢者など病気になりやすい人々の医療負担が高くなることは避けられない。

さらに長寿化が進んで平均年齢が上昇すれば、ますます医療費負担も増加するだろう。現在の医療費は、保険料が5割、公費（国と地方政府）が4割、本人負担が1割となっているが、これらの負担はどれか一方にかかることになる。

ただし、保険原理だけで決めてしまうと、低所得者が保険料を支払えなくなる。低所得者の保険料を賄うには、高所得者には累進所得税を課す必要がある。つまり、75歳以上の後期高齢者の医療負担を増やす場合でも、低所得者への一定の助成措置を講じるのだ。

また、終末期医療には多額の医療費がかかるが、人生の終わりをどのように過ごすかは、医療費の話とは別の重要な問題だ。

厚労省は、終末期の患者が家族や医師と話し合って、治療方針を決めることを「人生会議」と呼んでいる。この名称の是非はともかく、人々が自分の人生の終わりにどのような医療や介護を求め、どのような最期を望むのかを、家族や知人、医療関係者と定期的に話し合うことは、ほとんどの人が肯定的に受け止めるだろう。

患者が自分の将来の医療や治療に関する希望や意向を考え、それを文書にして、家族や医療チームと共有する。そうしたプロセスを経て、患者が自己決定能力を失った場合に備え、望ましい医療・治療を確実に受けられる方法を計画しておく。これがいわゆる「アドバンス・ケア・プランニング」（ＡＣＰ）だ。

しかし、ＡＣＰへの理解はまだ広まっているとはいえない。厚労省の２０２２年度の「人生の最終段階における医療・ケアに関する意識調査の結果」では、ＡＣＰを「よく知っている」と回答した人はわずか５・９％。終末期医療について、家族などと「詳しく話し合っている」と回答した人の割合も１・５％だった。医療費負担増への理解はまだ不十分だ。

後期高齢者医療に関しては多様な意見があるが、人命に関わるテーマのため、細心の注意を払って、議論を進めなければならない。

「雇用保険料」を引き上げた真相とは？

65歳以上でも「自分はまだまだ現役」と元気に働いている人で、「雇用保険」に加入している人もいるだろう。加入に際し年齢に上限はないので、いくつからでも入れる保険だ。財務省はこれまでたびたび、雇用保険料を値上げしてきた。直近で値上げした際の理由は、なんでも新型コロナウイルスによって財源が枯渇したため、その補塡をするためだそうだ。しかし、これは笑い話にしかならない。

国が運営する保険の仕組みを少し説明しておくと、労災保険事業や雇用保険事業は、労働保険特別会計によって運営されている。所管は厚労省だ。

労災保険事業は労働災害が発生した際の保険であり、雇用保険事業には失業保険事業と雇用安定事業・能力開発事業が含まれる。失業保険事業は、失業した労働者が一定期間内（3カ月から1年間）に在職中の給与の一部（5〜8割）を受け取れる制度だが、その保険料は雇用主と労働者が負担する。

一般事業の場合、労働者と雇用主が負担する保険料率は、2022年3月までは0・9

%だった。それが同年４～９月は０・95％、同10月～２０２３年３月は１・35％、同４月～２０２４年３月は１・55％と段階的に引き上げられた。

日本では、雇用保険料はもともと数兆円規模で徴収されており、余剰があった。この余剰分は、コロナ禍の影響によって雇用調整助成金として還元された。しかし、その後の保険料率の引き上げをみると、国は再び税収を余分にため込む方針のようだ。

日本はコロナ禍でも、各国と比べて失業率の上昇を最も抑えられた国だ。なぜなら、雇用保険の中に雇用調整助成金があったからだ。

先進国のうち、失業率の統計がしっかりとれている日本と米国、欧州連合（ＥＵ）を比較してみよう。まずは日本の場合、コロナ禍が広がる前の２０２０年２月の失業率は２・４％だったが、その後に上昇し、同年10月には３・１％でピークとなった。しかし、２０２１年７月には２・８％まで低下した。

一方、米国の失業率は、２０２０年２月に３・５％だったが、同４月にはピークの14・８％まで上昇し、２０２１年７月には５・４％に低下した。ＥＵは２０２０年３月に６・３％だったが、同年８月にはピークの７・７％まで上昇し、２０２１年７月には６・９％に低下した。

コロナ禍前とピークとの差は、日本が0・7ポイント、米国が11・3ポイント、EUが1・4ポイント。コロナ禍前と2021年7月の差は、日本が0・4ポイント、米国が1・9ポイント、EUは0・6ポイントだった。

こうして比較すると、日本は他の国々よりも、失業率の上昇を抑えることに成功したが、その一因として失業保険や雇用調整助成金などの存在が挙げられる。

世界的には、雇用調整助成金やそれに類似した制度はあまり多くみられないが、同じような制度があるドイツでも、ピーク時の失業率上昇が抑えられている。

日本の労働市場には「雇用の流動性」という問題があり、企業が経営不振に陥ったり解散した場合、労働者は再就職が難しいケースも多い。そのため、労働者の失業防止を目的として、雇用調整助成金が事業主に給付され、従業員の雇用維持が図られている。

それを踏まえたうえで、雇用保険料を引き上げる理由として、失業者が増えて失業給付を支給し続けたことで、お金が枯渇してしまったというのならまだ理解できる。

しかし、今回の場合、雇用調整助成金は政府からの施しではない。いざというときに備えて事業者が積み立てた保険料が財源のため、コロナ禍で過剰に徴収された保険料を還元したにすぎず、積立金が不足したという理由で、引き上げるのは妥当ではない。保険料は、最低限必要な額だけを集めればよくて、過剰な積立金は不要だ。

保険料の水準は保険原理から客観的に算出されるべきであり、財政健全化などの理由で無理に引き上げていいものではない。

「介護保険」は納付と給付がほぼ同じになる制度

読者の中には家族や親族、自分自身が介護を受けている人がいるかもしれない。高齢化や疾病により介護が必要と認定されれば、介護サービスの費用に保険が適用される。介護保険制度は、社会全体で介護が必要な人の負担を支えることを目的としている。40歳以上の国民は、介護保険の被保険者となり、介護保険料の支払い義務が発生する。

市町村に支払われた保険料は、訪問介護や通所介護などの在宅介護サービス、定期巡回・随時対応型訪問介護看護などの地域密着型サービス、そして老人福祉施設や老人保健施設などの施設サービスを提供する事業者に支払われる。

もっとも、介護保険は、高齢者の「自立支援」を理念としているため、単に介護を要する人の身の回りの世話をするだけではない。

介護保険もまた、給付と負担の関係が明確な保険方式を採用している。介護保険において、保険料を支払うことと給付を受けることはほとんど同じだ。なぜなら、納付した保険料と受け取るお金が同じであるという「収支相償原則」に基づいているからだ。

これは事故などの損害保険でも同じである。収支相償原則のもと、保険会社は契約者から保険料を受け取り、事故が起きた契約者に対して補償や支援を提供する。世の中のあらゆる保険市場の安定性と信頼性を担保するために、とても重要な原則だ。

介護保険は、ほとんどの人が、将来的に介護が必要になることを考慮している。そのため、保険料を事前に支払い、老後に給付を受ける仕組みになっている。介護保険は多くの人に適用されるため、高額になりにくいという特徴がある。

この制度は2002年に始まったばかりだ。そのため、現時点では公的な介護サービスを利用している人が多いものの、いずれは富裕層向けの民間サービスも増加するだろう。

ここで注意すべきは、介護保険で動くお金は、年金や失業保険ほど多くはないということだ。年金なら早く死んだ人はもらえず、その分を生きている人がもらえる。同様に、失業保険も在職者はもらえず、その分を失業した人に回す。そのため、これらは介護保険よりも動くお金が比較的大きい。

この仕組みが、介護職の賃金に影響を与えている。本来、賃金は、社会のニーズや人員の供給量に応じて決まるものだが、介護職が一般の職業と少し事情が異なるのは、国の介入があることだ。国の制度が介在して、介護が必要な人に対して介護保険によるサービスが提供される。そういう保険制度の縛りがあるため、大きなお金が動きにくい。

そこで厚労省は、２０２４年度から、高所得者の介護保険料を引き上げることを決定した。その背景には、介護人材を確保できないという深刻な事情がある。同省の分析によれば、２０２２年に、介護分野の離職者が入職者を６万人以上も上回ったという。調査開始以来、離職が入職を超過するのは初めての現象だ。

今後もっと富裕層向けの介護サービスが増えてくると、利益が増えて介護職の賃金も上がってくるだろうが、現段階ではそこまでいっていない。

また、介護業界は資格制度に縛られていることも賃金が上がりにくい要因だ。介護福祉士をはじめとする国家資格、介護支援専門員（ケアマネジャー）といった公的資格の有無によって、ある程度は賃金が決まってくる。逆にいえば、介護職の賃金は資格の有無によって画一的になりがちという側面がある。

介護には筋力と精神力が必要だ。相手を傷つけないように、細心の注意を払いながらの重労働ということも、なり手が不足する要因なのかもしれない。

これから介護サービスを利用する、あるいはすでに利用している高齢者にとって、職員不足問題は深刻だ。

人手不足を解消する方法の一つに、人間が着用して筋力を増強する装置「パワードスーツ」を医療機器として利用する方法がある。介護職員にとって役立つのはもちろんだが、何らかの事情で介護サービスを受けられなかった高齢夫婦が、老老介護をする際に役立つ可能性もあるだろう。

いずれにせよ、どのような介護を望むかは、それぞれの人が決めればいい。

第5章　個人資産の形成と防衛術

何歳からでも入れると謳う「民間保険」のワナ

我が身に何かあったとき、「家族に経済的な不自由をさせたくない」という思いから、多くの人がすでに何らかの民間保険に加入している。今や85歳でも入れるがん保険や死亡保険があるため、読者の中には加入を検討している人も多いだろう。

なぜ、日本はここまで保険大国になったのか。

かつて銀行は預金サービスくらいしか行っていなかったが、２０００年代に入ると、系列の証券会社や保険会社の商品を販売するようになった。その結果、銀行員のお勧め商品ということで、投資信託や保険に加入する人が増えた。

しかし、とんでもない失敗をした人もなかにはいる。保険とは名ばかりの「変額保険」という商品に手を出してしまった人がその典型例だ。変額保険の中身は投資信託そのもので、相場次第で損をすることがよくあった。

銀行や保険会社のセールストークには、「老後のための保険」「貯蓄性があって保険金は返ってくる」というものが多い。だが、裏を返せば、保険で貯蓄性があるということは、その商品はもはや保険ではないことを表している。

こういう保険は、保障と投資信託を組み合わせている。保障性のほうがすごく高ければ保険といえるが、いずれ保険金が返ってくると謳う保険商品のほとんどが、契約内容をみると実際には保険ではないというケースが多い。

変額保険の場合、銀行や保険会社が高額な手数料で儲かる仕組みになっている。そのため、金融機関は変額保険を積極的に勧めてくる。筆者の個人的意見としては、もし今でも変額保険に入っている人がいるなら、損切り覚悟で早めに解約したほうがいい。

とりわけ日本人は保険が大好きで、いくつも掛け持ちしていることが多い。しかし、そもそも民間保険サービスは、支払った額のほとんどが保険会社の利益や外交員の給与になっているのが実態だ。普通に考えれば、保険料として支払う分のお金を自ら貯めておいたほうがいい。筆者は保険には入らず、手元で貯蓄している。

変額保険に入る理由を「定期預金などに入れてもほぼ利子がつかないから……」という人もいるだろう。だが、保険料の何割かを手数料として支払うような商品なら、少なくとも手数料分はほぼ返ってこないと思ったほうがいいだろう。

どうしても保険に入らざるを得ない場合は、貯蓄型ではなく、医療保険のような、補償を限定して掛け捨てにする商品のほうがましだ。なぜなら、保障を得るという保険本来の目的をきちんと果たしているからだ。

老後に備えたいというのなら、国民年金（老齢基礎年金）に上乗せして加入できる「国民年金基金」に加入するのがお勧めだ。国が運営しているから民間の商品よりも安心だし、手数料もかからない。

またｉＤｅＣｏなら、掛け金が全額所得控除の対象になったり、運用益が非課税になったり、公的年金や退職所得が控除されたりと、税制上の優遇をいくつか受けられる。

将来に不安がある人は、不動産投資や事業投資に手を出す場合もあるだろう。しかし、そうしたものは難しい部分もあるから、素人がヘタに手を出さないほうがいい。老後に予備知識なしでいきなり始めると損をしてしまう可能性が高い。

退職金を当てに「家」を買う必要は本当にある？

日本人はとりわけ不動産への信仰が強くて、持ち家志向も強いといわれている。持ち家と借家の比率をみてみると、６割以上が持ち家だ。特に高齢者になるほど持ち家比率は高く、８割を超える。

夢のマイホームを手に入れるために、住宅ローンを組んでいる人がたくさんいる。なか

日本の持ち家数と持ち家率の推移 単位：千戸(左)、%(右)

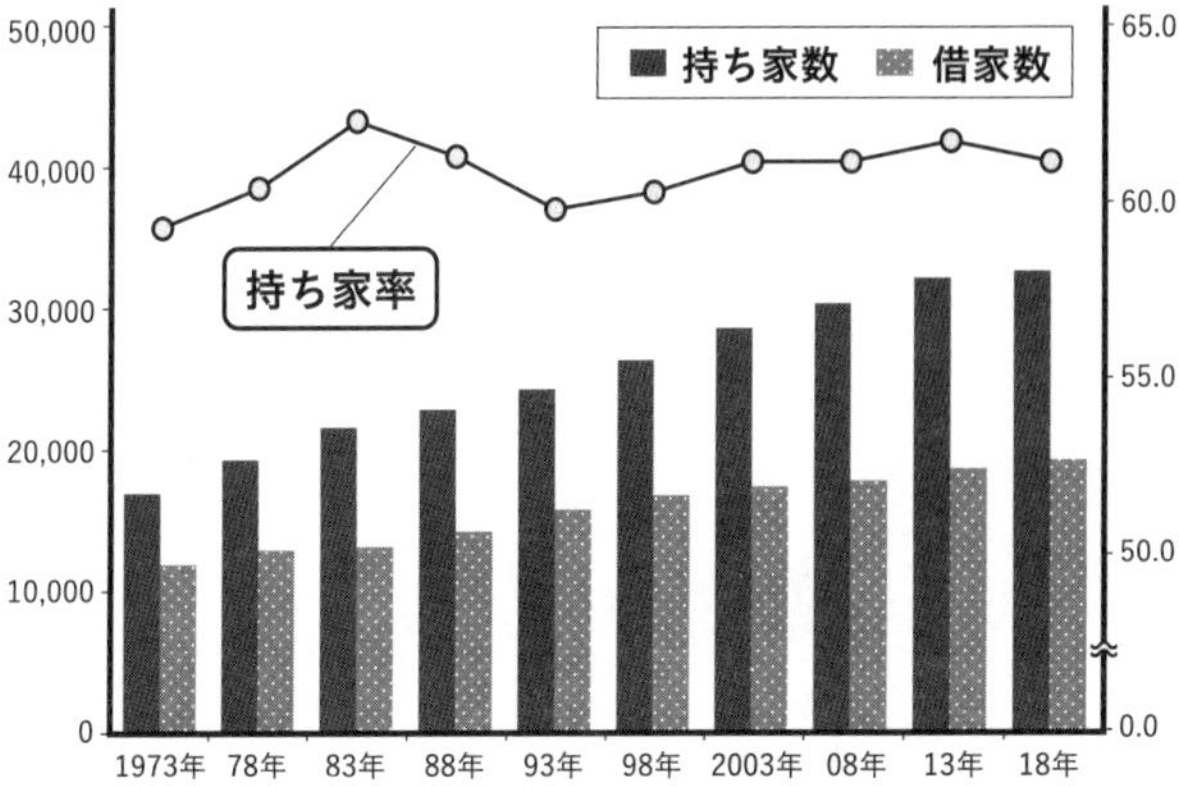

（総務省「住宅・土地統計調査」より）

には、退職金を当てにしてローンの完済計画を立てている人もいるだろう。

しかし、「住む家を購入するのと賃貸で借りるのはどちらが賢い選択か」と問われれば、筆者は「何も資産がないなら賃貸のほうがいい」と回答する。

なぜなら、持ち家は賃貸よりもリスクが高いからだ。例えば、東京生まれで昔から土地を持っているような人が家を建てるのは、まだわかる。しかし、地方から来て、資産もないのに、なぜわざわざ高いお金を出してまで家を持とうとするのか。

すでに地元に土地があるなら、わざわざ二カ所も土地を持つ必要はない。日本人なら土地は一カ所で十分だ。お金が有り余っていて、ほかに使い道がないのならともかく、かつかつの生活でローンを組まないといけないようなら、人生を懸けてまでしてそんな大きな買い物をする必要はない。

仮にこれが自動車ローンなら、金額も大きくないし、数年で返済できるから大きな問題にはならない。だが、家は数千万円の買い物で、しかも返済期間が35年などと長いから、その分だけリスクも大きくなる。ただ住むだけなら家を借りるほうが気楽だ。

なかには「賃貸は月々の家賃の支払額がローン返済額よりも多い」という反論があるかもしれない。たしかに、大家があこぎな商売をして、家賃を相場よりも高めに設定していれば、家を買ってしまったほうが得な気もする。

しかし、賃貸物件がこれだけ増えている現状では、入居者争奪戦が激しくてそこまで家賃を上げられないし、大家の取り分もたかが知れている。それに家を買うためには、印紙代、登記費用、仲介手数料、融資手数料など諸々の初期費用が必要なのも注意点だ。ローン返済のほかに、修繕積立金や管理費といった固定費も毎月かかる。

「お金を使わずにただ持っているだけだと、お金の価値が下がるかもしれない」という不安もあるかもしれないが、その下げ幅は大したことはない。

しかし、土地の価値というものは、バブル崩壊後にみられたように下がるときはぐんと下がる。例えば、２０００万円で買った土地が、災害や人口減少などの外的要因によって、１０００万円まで下がるケースも十分に想定されることであり、将来にわたって購入額のまま維持される確率は低い。

土地を活用する企業がたくさん出てくれれば、その周辺の土地は値上がりする可能性があるかもしれない。だが、土地の価値が上がり続けると思っている人は、何の根拠もない土地神話を信奉しているにすぎない。

身の丈に合わない住宅ローンを組んでしまうと、病気や退職、転職などの事情で返済できなくなり、結局は家を売却せざるを得なくなったというケースも意外と多い。しかも、そのときに物件価格が下がっていてローンを完済できなければ、借金だけが残ってしまう。こういうときは、金融機関の取り立てがかなり厳しくなるから肝に銘じておこう。

そうした悲惨な結末を避けるためにも、定年退職前の会社員は今のうちに返済計画に抜かりはないか、再確認しておいたほうがいい。

金利上昇の局面になってローンの借り換えを考えるくらいなら、むしろ、すぐに持ち家を売却してローンを完済してしまい、賃貸に住み替えるという手もある。そのほうが、不動産価格や金利の変動リスクを抱え込まなくていい。

もし、読者がやむを得ずマイホームを手放すことになっても、そこまで悲観する必要はない。子どもが自立しているのであれば、そこまで大きな家は必要ないし、むしろ胸を張って「これでリスクヘッジができた、運がよかった」と思うようにしよう。

高齢者の財布を狙う「FX」「暗号資産」業者にご用心

相変わらず高齢者を狙った詐欺のニュースが相次いでいる。

なかでも、インターネット上で取引されるデータ資産「暗号資産（仮想通貨）」は、ほとんど眉唾だと個人的には思っている。その理由は、規制があるにもかかわらず、相場が投機的で、適正相場を歪める相場操縦が可能なデジタル通貨だからだ。それに最近は減ったのかもしれないが、暗号資産関連の民間セミナーの多くは怪しいものだ。

もっとも、それは暗号資産をあくまで「投資」手段としてみたときのことであり、「決済」手段として持つのならさして問題はない。必要な分だけを持ち、送金するときにだけ使う、というように自分でしっかりルールを設ければいい。今やフリマアプリのメルカリをはじめ、暗号資産を使って取引決済できるサービスも出てきているようだ。

ただし、将来的には、中央銀行による暗号資産の発行が拡大する可能性があり、民間の暗号資産は駆逐されるだろう。暗号資産は単なるプログラムなので、中央銀行が本当のお金を裏づけにして、正しい便宜性のために暗号資産を発行するのは容易だからだ。

民間が発行している暗号資産には、ビットコインをはじめたくさんの種類がある。しかし、もし国家が保証している暗号資産がそこに追加されれば、投資家はどちらを買うだろうか。信用力などの観点から、どうしても民間の暗号資産は見劣りしてしまう。

中央銀行の立場なら、貨幣を紙で発行するか、暗号資産としてデジタル発行するかを選択することができる。中央銀行としては、どちらで発行したかさえはっきりさせておけば、金融市場に混乱が及ぶこともない。

中央銀行が暗号資産を発行すれば、クレジットカードの利用はかなり減るだろう。すでに中国では、中央銀行がデジタル人民元を発行し、２０２３年12月に初めて国際金取引が行われた。これは、中央銀行による暗号資産の発行が進む流れの一環だ。

もし、デジタル人民元でクレジットカード的な機能が日本でも実装されれば、日銀が同様の機能を持っていないため、デジタル人民元を利用する人が国内で増えるかもしれない。これは、国家運営としてはかなり危険な話だ。日本もせっかくデジタル庁を設立したのだから、同様の取り組みを早急に実行したほうがいい。

また、外国為替証拠金取引（ＦＸ）に関しても、為替の動きを短期間で読むことは不可能であり、素人が手を出すべきではない。

ＦＸは各国通貨の取引を行い、その差額で利益を得る投資だ。為替の動向をちょっと理解しているからといって、簡単に利益を得られるわけではない。

例えば、米国がインフレで日本がデフレの場合、インフレ率の差で為替が減価するという一般的な理論がある。つまり、インフレ率が高い国の通貨は安くなり、低い国の通貨は高くなるという考え方だ。

しかし、このような定性的な理解だけでは、現在の為替水準が割安なのか割高なのかを定量的に判断することができない。

そもそも、為替は何かの算式でぴったり導き出せるようなものではない。

為替レートは二つの国の通貨の交換比率だが、それを完全に予測するのは不可能だ。もちろん、二つの国のマネタリーベース比から推測することは可能だが、それは完全な予測ではない。予測するための経済理論もあるが、このくらいの期間でみれば何割かの確率で当たる、といった程度の話だ。

あえて定量的にいえば、為替動向は2～3年のスパンでみて7割くらいしか当たらない。

為替レートの推移

単位：円

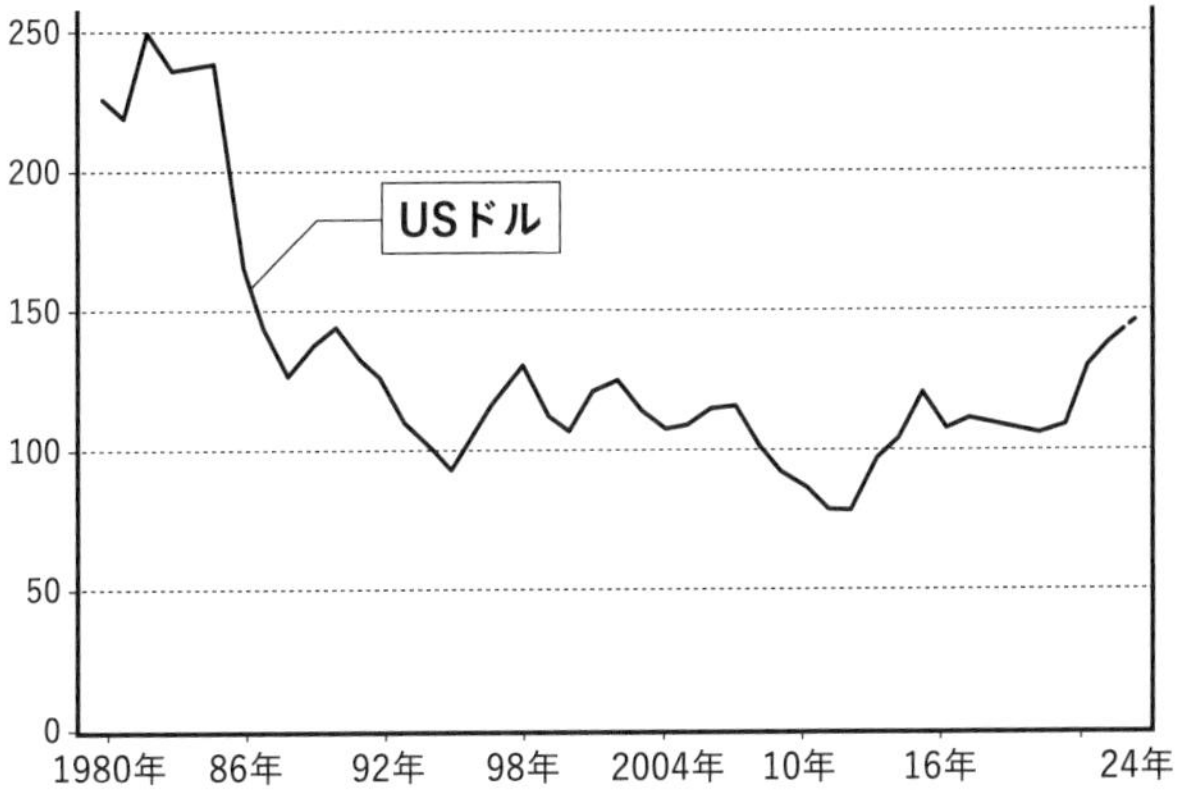

（IMF資料より）

経済理論が通用するのは、あくまで長期的な市場の動向であり、短くても３～５年ほどのスパンの話だ。それでも「まあまあ当たるかな」というレベルで、特にＦＸのような超短期投資では経済理論から外れるのはよくあることである。

さらにいえば、３カ月以内の為替動向は予測不可能といっていい。経済学的には「ランダムウォーク」と呼ばれ、過去の出来事から将来の動向や方向性は予測できない。日本語では「酔歩」とも表現され、酔っ払いがふらふら歩いていると一歩先すら予見できないように、予測がつかないほどランダムな動きをすることを指す。

したがって、ＦＸにより短期間で利益を得

たい場合は、ほとんど勘で投資をするしかない。

金融業者もこうした事実はよくわかっているから、短期投資よりも長期投資のほうが、投資コストがかかるような仕組みにしている。

いずれにせよ、この手の投資はより深い定量的理解がないとまず儲けられない。

FXや暗号資産などの投資に平気で勧誘してくるような業者は、適当な経済用語を並びたてて商品説明をしてくるかもしれないが、実際には本質を理解してはいない。くれぐれも読者は騙されないよう注意してほしい。

国債が「最強」の金融商品である理由

国債を保有している高齢者は多いといわれており、関心の高い読者もいるだろう。金融機関が積極的に売り出さないほど、利回りの安定した金融商品、それが国債だ。しかも、途中で換金できるうえ、元本割れのリスクも基本的にないというメリットがある。

個人が買える国債には、大きく二種類ある。「個人向け国債」と「新型窓口販売方式国債」（新窓販国債）だ。それぞれ、償還期限や受け取る利息などによって、さらにいくつかに分かれている。

個人向け国債には、「固定金利型３年満期」「固定金利型5年満期」「変動金利型10年満期」がある。固定金利型では、満期までの間は利率が変わらないため、発行段階でもらえる利息を把握できる。一方、変動金利型は、需要と供給の実勢に応じて半年ごとに適用利率が変動し、受け取る利息が増減する。

新窓販国債には、「2年固定利付国債」「5年固定利付国債」「10年固定利付国債」がある。こちらは、財務省が市場実勢に基づき金利を決定するという特徴がある。

ほかにも、個人向け国債は「1年経過ルール」というものがあり、発行から1年を経過するまでは換金できない。一方、新窓販国債にはこのルールがなく、購入後はいつでも売却できるという違いがある。

どれがいいか迷ったときは、現在の低金利の状況を考えると、個人向け国債の変動金利型10年満期がお勧めだ。10年満期と謳っているが、実際には満期の前に売却・換金ができるため、10年という区切りにあまり意味はない。重要なのは「変動金利」という部分で、景気が良くなれば金利が上昇し、悪くなれば下落する。

といっても、国債の金利を頻繁に変更すると利払い計算が大変だから、変動金利型10年満期は半年ごとに金利が変わるように設計されている。

変動金利型10年満期国債の推移　単位：％

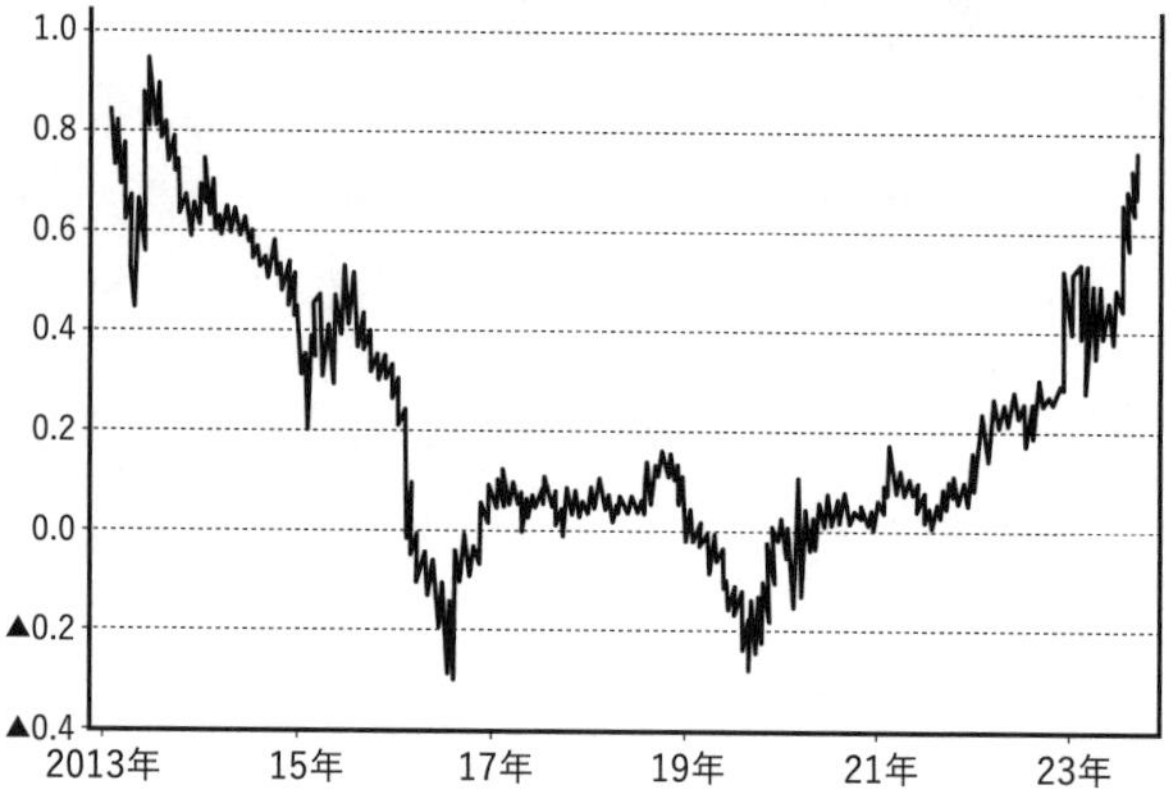

（財務省資料より）

これは、半年満期の短期国債を10年間、20回乗り換えていくことと同じだ。

ほかにも勧める理由として、購入後の金利上昇に備えられることがある。

固定金利型の国債だと、購入後の金利が満期まで変わらないため、金利が上昇しても受け取る利息は変わらない。例えば、金利が0・1％の5年固定利付国債を購入した場合、5年間で金利が0・3％まで上がっても、0・1％しか利息を受け取れない。

一方、変動金利型の国債では、半年ごとに金利が見直されるため、金利が上昇すれば受け取る利息も増える。

もちろん、金利が下落するリスクもつきまとうが、現在の低金利なら、金利が上昇する可能性のほうが大きいだろう。そのため、老後の資産運用としては、変動金利型10年満期が有利というわけだ。

また個人向け国債は、発行から1年が経過すれば国が額面価格で買い取ってくれる。そのため、国家が財政破綻しない限り、償還まで保有していれば元本割れのリスクがない。中途換金時に調整額で売却損が出る可能性はあるから、そこだけ気をつけておこう。

一方、新窓販国債は、国が買い取る中途換金制度がないため、換金するときは市場で売却する。金利が上昇した場合は国債の市場価値が下がり、売却損が出るおそれがある。

金利の上昇で国債の価値が下がるのはなぜか。その理由は、購入後に金利が上昇すれば、市場ではみんながより高い金利の国債を欲しがるため、低金利の国債には買い手がつきにくくなるからだ。

そもそも国債では、元本割れは大した問題ではない。売却損が出たとしても、その売ったお金で金利が上がった国債をまた買えば、損失分はすぐに取り戻せるからだ。

といっても、これはプロの投資家の考え方で、素人が手を出すなら、やはり個人向け国債の変動金利型10年満期が、身の丈に合った金融商品といえるだろう。

「株式投資」は数学と経済の知識が必須

退職後の生活資金が不安で、株式投資で配当金を得て生活費に充てよう、と考えている人もいるだろうが、それは簡単なことではない。

なぜなら、株価の予測は非常に難しく、予測が外れた場合に損失が生じる可能性があるからだ。例えば、2021年2月に日経平均株価が3万円を超え、2024年1月時点では3万5000円まで上昇している。5年前にこうなることを予測できた人は、果たしてどれほどいるだろうか。

株価上昇のきっかけは、当時の安倍首相が景気対策を講じたことだった。その後、株価が上昇すると予測した一部の投資家が株式を購入し、企業の収益予想も好調ということで、さらに株価が上昇していった。

株式投資は、将来を見通せる人が利益を得る仕組みになっている。そうした能力がない人は、指をくわえながら株価が上がっていくのをじっとみて悔しがるしかない。

株価の動向を予測するためには、数学や経済の知識を使いながら、社会の動きをかなり先まで見通さないといけない。確実な予測は難しいし、勝ち組と負け組ではっきり差が出

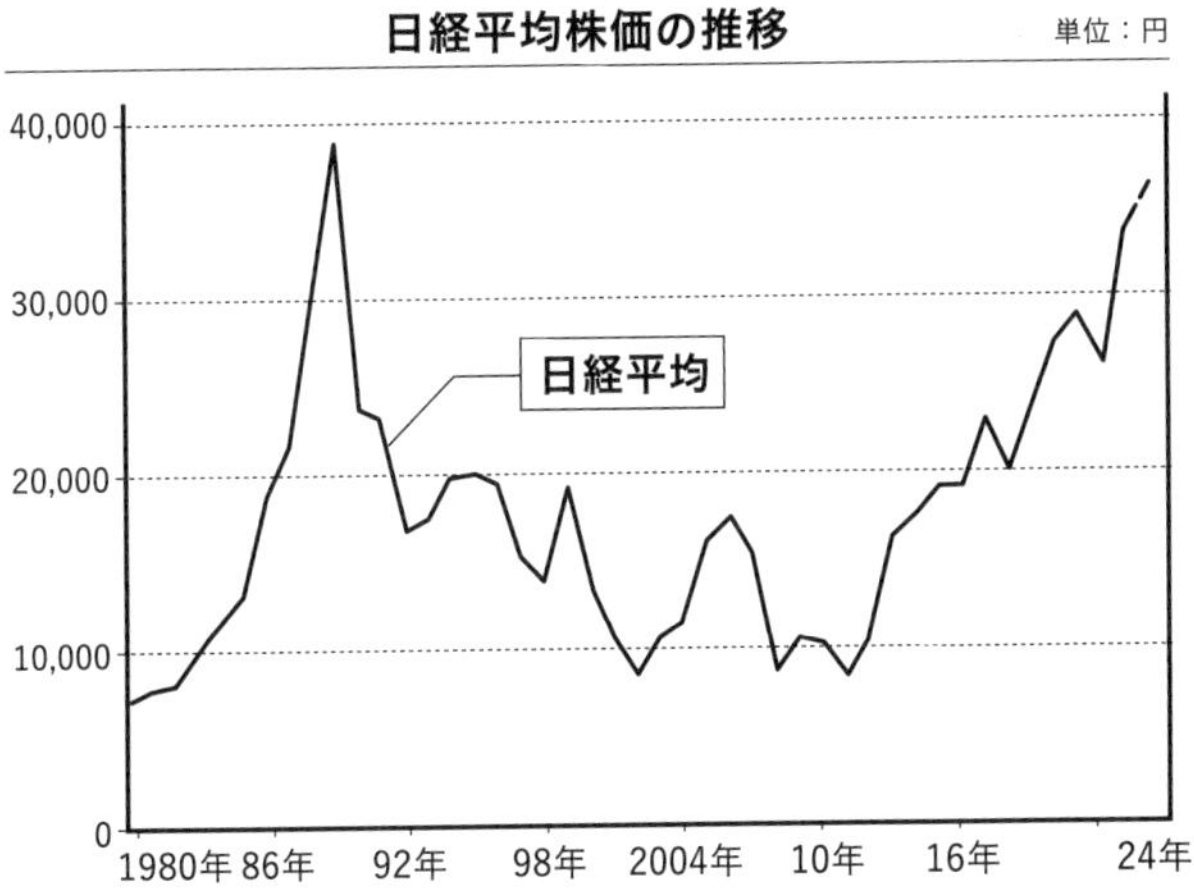

(日経平均プロフィル資料より)

るシビアな世界だ。

そんな金融商品を勧める証券外務員が、どれほど数学や経済の知識を持っているのかは甚だ疑問だ。彼らの金融リテラシーが低ければ、顧客に対して誤った情報を提供したり、相手の無知につけ込んでひどい金融商品を売りつけるケースもあるだろう。

現時点では、どんな経済学のツールを駆使しても、株価を確実に予測することはできない。しかし、株価の傾向くらいなら読むことができる。逆にいえば、まったく勉強をしていなければ傾向すらつかめない。そうした人は、退職金で余裕ができたからといって、いきなり株式投資には手を出さないほうがいい。

そもそも株価がどうやって決まるのか、ご

存じだろうか。

基本的には、企業の将来の収益予想を金利で割ったものが株価になる。具体的には、「予想収益÷金利＝株価」という式で表される。金利が5％なら0・05での割り算、つまり20倍の掛け算と同じだ。計算式は「予想収益÷0・05＝予想収益×20」となる。金利が低下すると、分母が小さくなり株価も上昇するというメカニズムだ。

無知なテレビのコメンテーターやエコノミストは、金利の低さだけで株価上昇を説明しようとする。しかし、そういう短絡的な話ではない。日本は低金利時代が長らく続いてきたから、それだけで株価の上昇は説明できない。「アベノミクスで企業収益が上がるだろう」と予測した投資家が、こつこつ株式を買っていたから、それに比例して株価が上昇したというのが正確だ。

また、「日銀が株式を買っているから株価が上がった」という人もいる。たしかに日銀は日本の上場投資信託（ＥＴＦ）を買い取っていたが、実際に株価が上昇し始めたのは２０２０年10月からであり、日銀のＥＴＦ購入と株価上昇には直接的な関係はない。

それに、日銀が積極的にＥＴＦを購入していた時期、日本の国内株式の時価総額は約７００兆円だった。そのうち、日銀の購入金額は６兆円で全体の株価に対して１％未満だっため、購入額を少し増やしたところで株価全体には大きな影響はなかった。

株式に関する誤解が生まれやすいのは、日本ではそれについての教育が不足しているからだ。株式投資を真剣に学ぶなら、割引率などの基本的な算数や数学の知識が必要だ。

例えば、高校の数学で学んだ数列も株式投資に応用できる。「連続する項同士の比が常に等しい」という等比級数の公式を覚えるだけではつまらないが、金融や株式の事例を交えて説明すれば興味が湧いて理解も深まるだろう。

算数や数学の知識は実生活でも役立つため、投資に興味がある人はぜひ勉強してみることをお勧めしたい。

ただし、株式投資では、投資先の企業の内情を全て把握できるわけではないので、不明点やリスクもある。そう考えると、これまで自分の仕事で培ってきたことに関わる事業へ投資するほうが、わかりやすいし賢明かもしれない。

企業判断に欠かせない会計知識

現在の低金利下では、銀行に定期預金をするよりも、自分でリスクとリターンを理解したうえで、生活費を損なわない範囲で投資するのもいいだろう。なぜなら、銀行預金は利益率がとても低い資産運用法だからだ。

筆者のお勧めは、ローリスク・ハイリターンである日本国債を購入することだ。また、企業への貸し付けとなる社債を購入する方法もある。株式投資は、それらよりもハイリスク・ハイリターンになる。

一般の人は、企業が発行している株式を、株式市場を通じてしか購入できない。つまり、自社株式を買う場合を除き、上場企業の株式に限られる。上場企業の財務諸表は、各社のホームページや金融庁が運営する「ＥＤＩＮＥＴ」で全て公開されている。投資先で悩んだとき、すぐに業績や事業内容を詳細に検討できるため便利だ。

逆にいえば、株式投資をする際は、これらの財務諸表を理解できなければ話にならない。前述した国のＢＳの話と同じで、企業の実態がそこからみえてくるからだ。

自分が勤める会社の財務諸表を見て、経営状況をすぐに理解できる人がどれくらいいるだろうか。あいまいな理解ではなく、際立った数字から会社の実態を正確に把握できるかどうかが重要だ。一流大学を出ていたり、経済学者や経済記者といった肩書があっても、その人が数字を正しく理解していないと感じることはよくある。

理由として、日本の大学の法学部や経済学部では、本格的な会計教育がされていないことが挙げられる。商学部でも、会計知識を深く突き詰めることはあまりない。つまり、日本では一般教養として最低限の会計知識を身につける機会が少ないのだ。

しかし、国際的には会計の基本原則を理解していることが当たり前だ。それを特別なスキルだと思い、自分には無関係だと思っているのは社会人として不適格だ。

会計とは、簡単にいえば「お金の流れや財産を記録するための手段」である。人はウソをつくことはあるが、数字はウソをつかない。

企業の財務諸表には、主に「貸借対照表」（ＢＳ）と「損益計算書」（ＰＬ）の二つがある。これらの表を理解し、お金の流れを把握することで、企業の状況を把握できるようになる。そのためには、最低限ＢＳとＰＬの読み解き方はマスターしておこう。

筆者が普段、国や企業の財政状況について言及する際には、必ず公開されている財務諸表のＢＳとＰＬを参照している。会計の原則はいたってシンプルだが、数字をスムーズに読めるようになるには、ある程度の場数を踏むことが必要だ。

お金に関する情報を理解するために、会計ほど便利で役立つものはない。会計さえ理解できれば、企業の決算書を比較して投資先を選択することもできる。

この方法は、銀行の融資担当者の仕事に匹敵するといっても過言ではない。融資担当者は、融資の判断を下す際に必ず決算書をチェックするからだ。

企業のストックを表す「貸借対照表」

複式簿記の帳簿では、右側がお金の出どころ（貸方）、左側がそのお金が形を変えたもの（借方）に分かれている。これらの帳簿が1年分積み重ねられ、決算となる。

一見すると、数字がたくさん並んでいるが、企業の財務諸表はＢＳからみていくのが基本だ。ＢＳでは、右側が「負債の部」、左側が「資産の部」となっている。簡単にいえば、負債は「いずれ返さなくてはいけないお金」、資産は「返す必要がないお金」として記載されている。

読者がどこの企業に投資すべきかを判断したいときは、最初にＢＳにある「純資産」という項目をみればいい。図ｇ－1のように、ＢＳは、主に資産、負債、純資産で成り立っており、資産から負債を引いた純資産が多いほど、その企業はより安全に投資できる優良企業といえる。純資産を発行株式数で割ると、一株当たりの純資産額がわかる。

ただし株式投資では、一株当たりの純資産額が少ない企業の株を買い、その後の増加を期待するという手法が一般的だ。そのため、純資産額が多いからといって、株式投資に最

g-1　企業のバランスシートの内訳

資産		負債	
流動資産		流動負債	
	現預金		支払手形
	受取手形		買掛金
	売掛金		短期借入金
	有価証券	固定負債	
	貸付金		長期借入金
固定資産			社債
	建物及び建築物	純資産	
	土地		株主資本
	機械		資本金
	投資その他の資産		利益剰余金

（編集部で作成）

適な銘柄かどうかは判断の分かれるところだが、純資産額の今後の増減を予想するうえでも、注目しておくべき数字であることは間違いない。

また、ＢＳを読む際には、額が大きく際立った数字に注目することが重要だ。これにより、企業がどのような種類の資金を「調達」し、どのような資産を「運用」して利益を得ようとしているのかという経営姿勢や、「企業の本当の顔」が浮かび上がってくる。

負債には「流動負債」と「固定負債」があり、１年以内に返済・支払いをすべきかどうかで分かれている。

企業は資金をそのまま持っていても収益を生み出さないので、「流動資産」に当たる株式などの有価証券を購入したり、「固定資産」に当たる製品製作機械、土地や建物などに投資する。例えば、10億円で不動産を購入すれば、当面の賃料収入が期待でき、値上がりしたタイミングで11億円で売却すれば1億円の利益を得られる。

流動資産と固定資産の違いは、主に1年以内に現金化できるかどうかだ。流動資産は短期的に現金化が可能な資産であり、現金、預金、債券などが該当する。一方、固定資産は長期的に使用される資産であり、不動産、機械、設備などだ。

企業活動においては、お金の調達と運用を繰り返して資産を少しずつ増やしながら事業を成長させていくことが重要で、それが経営の基本だ。

一般的には、借金はできるだけ避けるべきだと教わる。ただし、企業経営においては必ずしもそうではない。

もし個人で借りた場合、そのお金で派手に飲食したり、ギャンブルに興じたりしていれば、瞬く間に借金が膨れ上がってしまう。利息も支払わなければならないのに、元の借りたお金がすでに消えているようなら、返すあてがないという状況に陥る。

そうなると大問題だが、借りたお金で家や自動車を購入するとなれば、それは必ずしも悪いことではない。それらは資産になるからだ。その資産を使って収益を生み出したり、生活が豊かになるようであれば、借金はプラスの価値を持つことになる。そのため、一概に借金＝悪とはいえない。

これは企業活動にも同じことがいえる。普通の経営者はお金をどのように調達し、どのような資産に変えてお金を増やすかを考える。重要なのは、資産と負債のバランスをどう保つかだ。

ＢＳの内訳を細かくみていくと、まず右側には、誰かから借りたお金（借入金や社債など）、自分や他人が出資したお金（株主資本）、自分で稼いだお金（利益剰余金）の三つがある。借入金や社債などが負債に、株主資本や利益剰余金は純資産（資本）に入る。これら三つの合計額が、左側の資産の合計額とぴったり一致する。

負債も純資産も、不動産や有価証券など何らかの資産へと形を変えて左側に流れる。他の資産に変わっていないお金は、「現預金」として左側に計上される。

ここで大事なのは、資産から負債を引いた純資産がプラスかマイナスかだ。ＢＳをみるときに、「グロス」と「ネット」を混同してはいけない。

ネットというのは、ＢＳの左右両方を総合的にみることで、グロスとは資産額だけ、または負債額だけをみることだ。グロスだけでは企業の財務状況を正確に把握できないため、

g-2

A社のケース

単位：円

資産	負債
1億	1000万
	純資産
	9000万

資産合計	負債純資産合計
1億	1億

（編集部で作成）

g-3

B社のケース

単位：円

資産	負債
2億	1億9000万
	純資産
	1000万

資産合計	負債純資産合計
2億	2億

（編集部で作成）

ネットで分析する必要がある。

例えば、資産額１億円の会社（図ｇ－２）と資産額２億円の会社（図ｇ－３）があったとして、グロスなら後者が優良企業のように映る。

しかし、前者には１０００万円の負債しかなく、後者には１億９０００万円の負債があるとしたらどうだろうか。純資産は前者がプラス９０００万円に対し、後者はプラス１０００万円しかないため、決算書上の評価は逆転する。

財務状況においては、前者が優良企業として扱われるのだ。

もし株式投資をする場合には、基本的にこれらのことくらいはリサーチしておこう。

企業のフローを表す「損益計算書」

ＢＳの内容を理解できたら、次はＰＬをみてみよう。

ＢＳは「ストック」を表し、ＰＬは「フロー」を表すという大きな違いがある。

ストックとは「特定の時点」での状況を指す。そのため、ＢＳは特定の時点（通常は決算時）での負債、純資産、資産の状態と過去の蓄積を示しているといえる。

一方、フローは「ある期間内」の出来事で、ＰＬは１年間の収入と支出を示しており企

損益計算書のイメージ

科目	金額	
売上高		×××
売上原価		×××
売上総利益		×××
販売費及び一般管理費		×××
営業利益		×××
営業外収益		
受取利息及び配当金	×××	
営業外費用		
支払利息	×××	
経常利益		×××
特別利益		
固定資産売却益	×××	
特別損失		
固定資産売却損	×××	
減損損失	×××	
税金等調整前当期純利益		×××
法人税、住民税及び事業税	×××	
法人税等調整額	×××	×××
当期純利益		×××

（一般社団法人 日本経済団体連合会資料より）

業が1年間にどれだけの利益を上げたかがわかる。この違いがわかれば、財務諸表の理解がより深まる。

それでは、具体的にPLの中身をみていきたい。

ビジネスをすれば、必ず「売上高」（収入）が発生する。そこから、仕入れ費用である「売上原価」を差し引いたのが「売上総利益」だ。さらに、そこから社員の給与、オフィスの家賃や水道光熱費、機材のリース料、消耗品費、接待交際費などの「販売費及び一般管理費」が発生し、それを差し引いたものが「営業利益」となる。

こうしたお金が1年間出入りした結果、本業でどれだけ利益を得られたかがわかる。

その下の「営業外収益」は、本業以外で得ている収益を指し、有価証券の利息や配当金などの資産運用で得られた収益を示す。一方、「営業外費用」には、借入金の支払利息や為替差損などがある。これらを合計して営業利益に加えると「経常利益」が求められる。これが企業の通常業務における利益だ。

ほかに「特別利益」と「特別損失」というのがある。これらは、通常業務とは無関係な、臨時に発生した損益を示している。例えば、不動産売買などが挙げられる。これらの特別な損益は経常利益に合算され、それが「税金等調整前当期純利益」となる。

その後、法人税など諸々の税金を差し引いたものが「当期純利益」だ。1年間の売上高から事業に要した費用や事業以外の損益、税金などを加減した結果、手元に残る利益のことで、年間の取引結果を示すものだ。当期純利益は、最終的にＢＳの純資産の一部として表示される。

さらに一歩踏み込んで覚えておきたいのが、フローを詳しく分析した「セグメント情報」だ。有価証券報告書に記載される項目で、ＰＬの売上高や利益がどの事業から生まれたかが詳細に示されている。

セグメント情報のイメージ

	A事業	B事業	C事業	計	調整額	連結
売上高	×××	×××	×××	×××	×××	×××
利益(損失)	×××	×××	×××	×××	×××	×××
資産	×××	×××	×××	×××	×××	×××

（編集部で作成）

例えば放送会社の場合、放送や制作、映像や音楽などの放送業に関連する事業のほかに、都市開発など異なる事業が含まれていることがある。本業の放送業よりも都市開発事業の収益が大きく、全体の売上高や当期純利益を押し上げているケースもある。

セグメント情報には、事業ごとに売上高や利益が増減した理由も記載されている。それをみれば、例えば「最近のテレビ業界は低迷しているけど、本業以外の不動産市場のほうは比較的好調だから、その分野の売り上げが伸びているな」といったことが浮かび上がってくる。別の視点でみれば、本業で苦戦しているとしても別に収益源があれば、その企業は賢明な経営が行われているともいえる。

会計は数字の羅列にみえるが、実際には記述言語で表現されたものだ。しっかり読み解けば、企業の財務状況を把握し、投資判断に役立てることができる。有価証券報告書を読む際のコツは、自分の理解の範囲内だけを重点的に読んでいくことだ。ＢＳやＰＬ以外にもたくさんの数字が並んでいるが、いきなり全てを理解しようとする必要はない。

こうした情報は、新聞やテレビなどのマスコミでも報道されることがあるものの、それらはどのようなバイアスがかけられているかがわかりにくい。情報は人の手を介するほど歪むものだから、可能な限り一次資料にアクセスすることでより正確な情報を得られる。

優良企業を会計から見分ける方法

財務諸表と会計の基礎を学んだところで、株式投資に必要な優良企業を見極める方法について解説しよう。

例えば、Ａ社、Ｂ社、Ｃ社の貸借対照表を見比べてみよう。Ａ社（図ｈ－１）は資産が３億円で、負債が２億円、純資産が１億円ある。同様に、Ｂ社（図ｈ－２）は資産が３億円、負債が１億円、純資産が２億円。だが、Ｃ社（図ｈ－３）は資産３億円に対し、負債が３億５０００万円で、純資産がマイナス５０００万円となっている。

h-1

A社のケース

単位：円

資産	負債
流動資産　1億5000万	流動負債　5000万
固定資産　1億5000万	固定負債　1億5000万
	負債合計　2億
	純資産
	資本金　5000万
	利益余剰金　5000万
資産合計　3億	**純資産合計　1億**

（編集部で作成）

ここで注目すべきは、純資産の大きさだ。経営の健全さを比較すると、C社は不調、A社はまずまず良好、B社は飛ぶ鳥を落とす勢いで絶好調である。

特にC社は、負債が資産を上回る「債務超過」の状況で、倒産の危機に瀕している。事業がうまくいかず利益が減少し、赤字が積み重なって利益剰余金がマイナスになってしまったと想像できる。

債務超過とは、負債を完全に返済できない状態を指していて、倒産の主要因の一つだ。負債が増えすぎると、返済利息の負担が増加する。この返済利息は、PL上では費用として収入から差し引かれるため利益を圧迫する。そうして純資産が削られていく。

企業が倒産すると、「事業がうまくいかずに資金繰りが悪化して自転車操業に陥った」とか、「借金が増えすぎて返せなくなった」という指摘がなされ

h-2

B社のケース

単位：円

資産	負債
流動資産　1億	流動負債　5000万
固定資産　2億	固定負債　5000万
	負債合計　1億
	純資産
	資本金　5000万
	利益余剰金　1億5000万
資産合計　3億	**純資産合計　2億**

（編集部で作成）

h-3

C社のケース

単位：円

資産	負債
流動資産　5000万	流動負債　5000万
固定資産　2億5000万	固定負債　3億
	負債合計　3億5000万
	純資産
	資本金　5000万
	利益余剰金　▲1億
資産合計　3億	**純資産合計　▲5000万**

（編集部で作成）

る。だが、会計的にいえば、シンプルに「負債が資産を上回り、純資産がマイナスになった状況」だ。

自力で負債を全額返済できない場合、たとえ誰かがお金を貸してくれたとしても、おそらく借り手は返済できないだろう。せめて利息だけでも支払えていれば、金融機関も「一定期間だけ約定返済額を減額する」といった返済条件の変更（リスケジュール）をしてくれることもある。

しかし、資金調達ができず、取引先への支払いが滞って新たな投資もできなくなり、おまけに利息が支払えない状況になると、金融機関の姿勢はとたんに厳しくなる。こうして事業が徐々に縮小し、思うように経営できなくなる。倒産した企業の多くがこのような経緯をたどる。

そのため、身の丈に合わない大きな負債を抱えるのは極力避けるべきだ。こうした点からも、ストックを表すBSを理解することが大切である。

企業が倒産すると、裁判所が「管財人」を選任し、その企業の有価証券や土地・建物などの資産を詳しく調査する。管財人とは、倒産手続きや破産手続きにおいて任命され、債権者に対する財産の売却や負債の整理などを行う専門家だ。

全国企業倒産件数の推移　単位：件

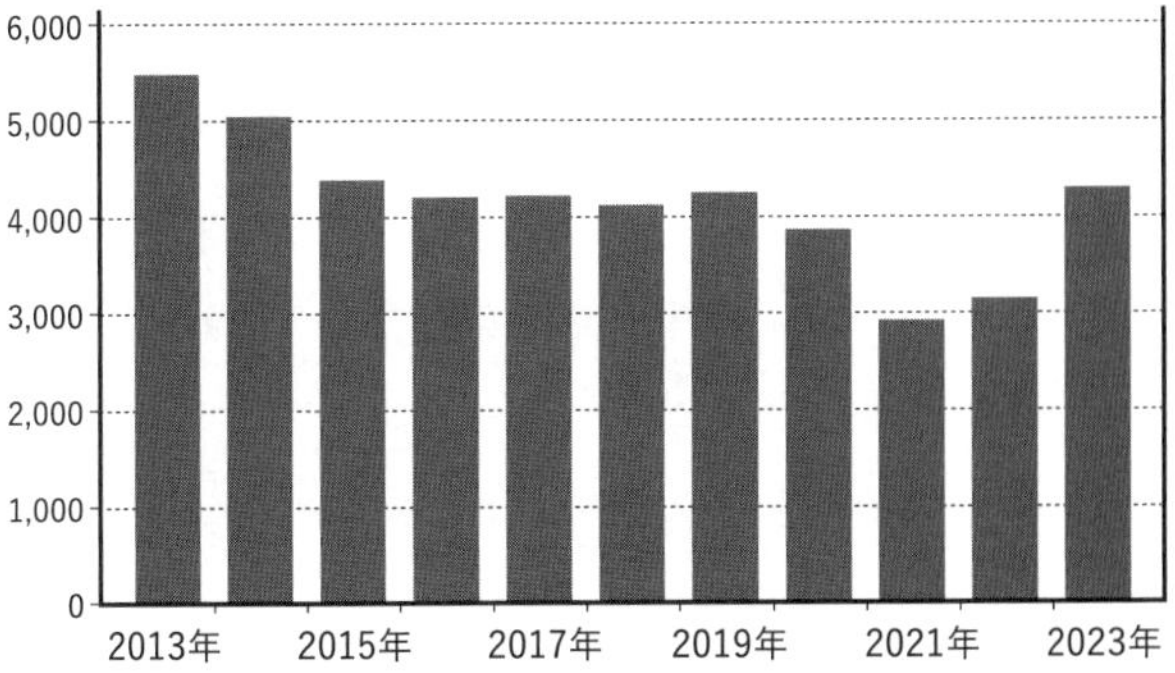

東京商工リサーチ資料より

なぜ管財人が必要かというと、債務者の財産を調査したうえで適切に管理し、負債の整理や債権者への分配などを行うためだ。

この場合、社長の自宅も調査対象となる。経営者は、たいてい自宅を担保に資金調達しているため、そうした資産を売却すれば、債権者への返済に充てられるからだ。

会社の資産や社長の自宅を売却したところで、評価額よりも安く処分されて二束三文になってしまうケースもある。そのため、債権者には雀の涙ほどの配当金しか戻ってこないことが多い。

債務超過で倒産すれば、たいてい借金は返済されず、お金を貸した債権者はほとんど泣き寝入りになる。

わずかな配当金が債権者に分配されたら、倒産手続きが終了する。言い方は悪いかもしれないが、倒産した会社の経営者はかなりの借金を踏み倒すことになる。

こうした企業に間違って投資しないためにも、決算書の読み方はマスターしておいたほうがいい。

終章　シニア就業者に役立つ新視点

いくつになっても生産性を追求しよう

定年退職前の読者のなかには、後継者に当たる部下の仕事の生産性が上がらずに悩んでいる人がいるかもしれない。

日本では長い間、仕事の生産性が世界的にみても低いといわれてきた。

生産性については、きちんとした数量的な定義がある。しかし、この定義を知らずに話しているコメンテーターなどは意外に多い。それこそ生産性がない話だ。

生産性とは、労働力、資本、時間といったリソース（インプット）を使って生み出される成果や価値の量を表す指標だ。一般的には、単位時間当たりの生産物やサービス（アウトプット）の量を評価する。

経済学や経営学では重要な概念で、企業や国家の競争力や成長に大きな影響を与える。高い生産性を持つ組織や国は、同じリソースを使ってより多くの価値を生み出せる。

生産性を数式で表すと、アウトプットが分子で、インプットが分母の割り算になる。

この時、何をアウトプットにし、何をインプットにするかによって、生産性の種類が異なる。例えば、時間当たりの労働生産性の場合、アウトプットは賃金で、インプットは労

時間当たり労働生産性の上位10カ国の変遷

	1970年	1990年	2010年	2022年
1位	スイス	ルクセンブルク	ルクセンブルク	アイルランド
2位	ルクセンブルク	ドイツ	ノルウェー	ノルウェー
3位	米国	オランダ	米国	ルクセンブルク
4位	スウェーデン	ベルギー	アイルランド	デンマーク
5位	カナダ	スイス	ベルギー	ベルギー
6位	オランダ	米国	デンマーク	スイス
7位	オーストラリア	スウェーデン	スウェーデン	スウェーデン
8位	ベルギー	フランス	オランダ	オーストリア
9位	イタリア	ノルウェー	スイス	米国
10位	デンマーク	イタリア	フランス	アイスランド
-	日本（19位）	日本（20位）	日本（20位）	日本（30位）

（公益財団法人 日本生産性本部資料より）

労働生産性の種類

$$時間当たりの労働生産性=\frac{賃金}{労働時間}$$

$$資本当たりの労働生産性=\frac{営業利益}{投下資本}$$

$$社会全体の労働生産性=\frac{GDP}{労働人口}$$

（編集部で作成）

働時間となる。つまり、時給は労働生産性を表すともいえる。

社会全体の労働生産性として捉える場合、アウトプットは労働による付加価値（GDP）であり、インプットは労働者の数だ。言い換えれば、一人当たりのGDPが労働生産性となる。もっとも、国債発行によって上昇する数値には所得などが含まれるため、金融緩和をすれば労働生産性の一部が向上するともいえるが、それが全てではない。

このような概念が生産性と呼ばれ、資本生産性の場合も同様だ。様々な生産性が存在するため、それぞれをきちんと数式で定義しなければ議論はできない。

日本の労働生産性が低い原因については、所得と労働時間の二つの要素が考えられる。つまり、所得が上がらないこと、適切な時間以上に働いている人がいることだ。

所得に関しては、金融緩和によって上昇する可能性もあるが、労働時間にはそれとは別の要因が影響する。

サービス残業が代表例で、日本では時間外に働くケースが多い傾向にある。筆者の場合、役所で働いていた当時も残業はほとんどしなかった。「300時間も残業した」と自慢する同僚もいたが、常々「この人は生産性が低いな」と感じていた。

日本では残業手当がなかなか支払われないため、働いた時間が長くても報酬はゼロなんてこともよくある。その間の生産性はゼロで、サービス残業の問題も解決しない。残業などせずに、早く帰ってアルバイトでもするほうがよほど効率的に時間を使える。みんながサービス残業をしなくなれば生産性が向上し、仕事量も減っていくだろう。

それによって経営が苦しくなることはない。仕事を早く終わらせるために、働く時間を調整すればいいだけだ。全力を尽くしても限界があるから、8割くらいの時点で仕事を切り上げることも大切だ。何も100％を目指す必要はない。

ヘタの考え休むに似たり。特に上司の人たちは、部下に100％の成果を求めてはいないか、胸に手を当てて考えてみてほしい。

定年後に暇な高齢者は働けばいい

総務省の「労働力調査」の結果によれば、65歳以上の高齢者の就業者数は2021年で約909万人に達し、18年連続で上昇しているという。

この発表を受けて、不満を持った一部の人たちがデモに参加しているようだが、日本の将来を考えた場合、果たして高齢就業者数の増加は懸念すべきことなのだろうか。

これはひとえに、同じ65歳でも、昔と今では、高齢者を取り巻く状況が大きく異なるこ

高齢就業者数の推移　単位：万人

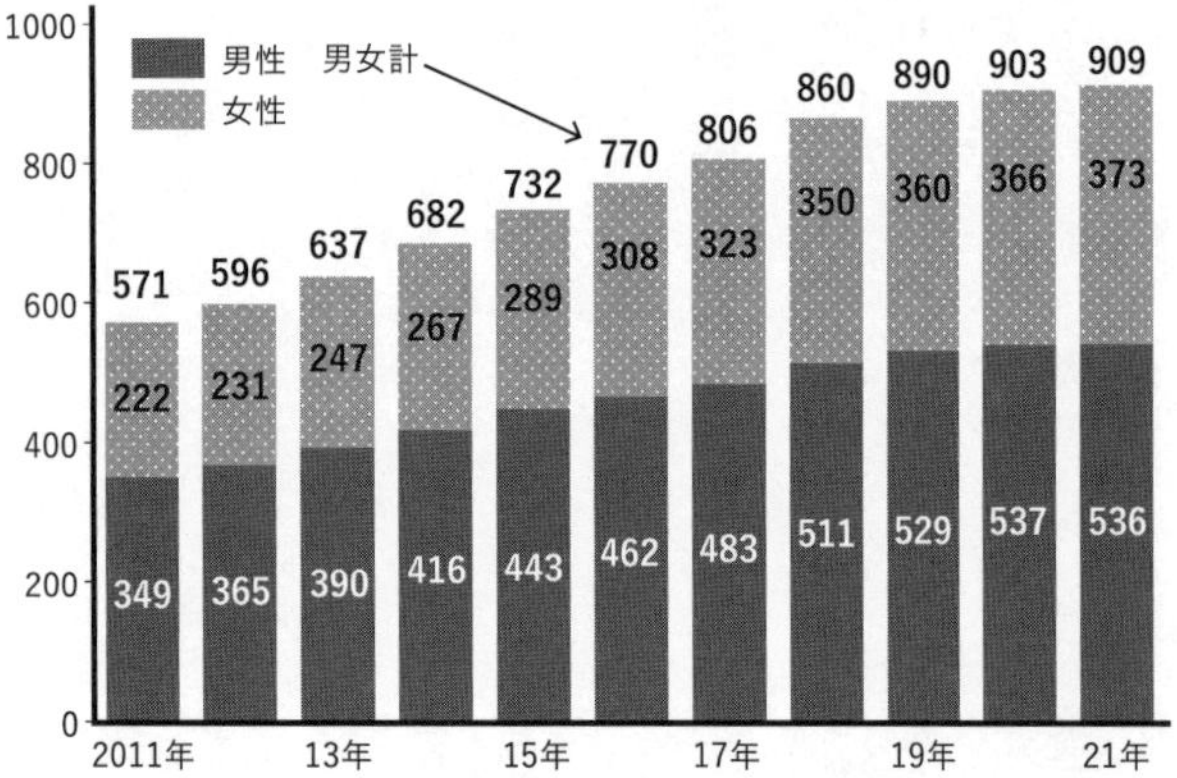

（総務省統計局「統計からみた我が国の高齢者」より）

とに起因している。かつての65歳といえば、健康状態がかなり衰えていたが、現在は「人生100年時代」といわれるほど平均寿命が延びている。65歳でも元気な人が多く、70歳まで働く人もいる。

　そのため、「65歳以上」という基準で就業者数を測っている限り、高齢就業者数がずっと増えるのは当然のことだ。

　今や多くの人が老後も働き続けることができる。会社員の場合、定年後も再雇用などで働く人はまだ少ないかもしれないが、自営業なら年齢に関係なく働ける。

　筆者も高齢者にカウントされる立場だが、現在もこうして働いている。年金の受給時期を65歳までに決める必要があるため、長生きして働いていると、その間は年金をもらえない状態になる。ただし、筆者は働いているので年金はまだ必要ない。

年金を受け取る必要があるのは働いていない人々だが、高齢就業者がもっと増えれば、誰も年金を必要としなくなるだろう。すると財政的にも健全になるため、高齢就業者が増えるのは何の問題もない。普通に働ける人が働いているというだけだ。

むしろ、老後は働かないと退屈だろう。個人的には、そのような暇を持て余した人たちが、「65歳以上の労働に反対！」を叫ぶようなデモに参加しているのではないだろうかと思う。一般的に、デモに参加するのは働いていない高齢者が多く、若い世代は仕事で忙しいため参加するのが難しい。働いていれば、そんなデモにわざわざ行く必要はない。

そのような人々は、高齢者を働かせることに反対しつつも、社会保障費が増えることにも反対していて、完全に矛盾したことを主張している。

65歳以上で暇になると、デモやボランティアなどしかすることがなくなる。会社員の時代は毎日出勤して忙しかっただろうが、引退するとほぼ「毎日が日曜日」の状態になる。

筆者も高齢者で似たような状況ではあるが、ずっと自営業として働き続けて、働けなくなったらすぐに死ぬ「ピンピンコロリ」が望ましいと考えている。

65歳になったら年金を受け取って、ラクをしたいと考える人もいるだろうし、もっと早くにリタイアして、悠々自適に暮らしたいという人もいるだろう。

もし早期リタイアするなら、十分な資金が必要だ。一生を送るために必要な資金を稼ぐことができなければ、働き続けるほうが気楽だ。遊ぶのにも時間とお金がかかる。

最悪なのは、年金を受け取って暇を持て余すことだ。お金のかからないデモに参加し、どうでもいいことを主張するしかなくなる。

シニア層の読者で、ずっと働きたいと考えている人は、会社員時代に培った自分のスキルや人脈などについて、一度じっくり振り返ってみよう。在職中に得た武器を磨いていけば、フリーランスとして活躍するのも夢ではない。

今は、個人の能力を売り込めるサービスがいくらでもある。年金だけでは足りない老後の生活費を補うこともできるだろう。「好きこそ物の上手なれ」ということわざがある。自分の好きなことは、仕事でも有利になりやすい。特定の組織に所属していなくても、ソーシャル・ネットワーク・サービス（SNS）などがあるため、社会とのゆるやかなつながりを維持することが可能だ。そうやって人間関係でのストレスを減らし、時間を有効活用することもできる。その範囲内で、自分の好きなことだけをして生活できれば最高だ。

病を過度におそれる必要はない

老後も仕事を続けるなら、身体の健康がいちばんの資本であることはいうまでもない。

新型コロナウイルスはインフルエンザと同様の扱いになり、以前ほど脅威ではないが、高齢者にとってはウイルス感染以外にも病気のリスクが常に存在する。

最も代表的なものは「がん」だ。「細胞のDNA複製の不完全」をがんの定義とするなら、ほとんどの人はがんになることになる。特に60歳以上では、二人に一人以上がなる計算だが、実際は通常の病気よりもやや高い致死率を持つ病にすぎない。全ての病気には致死率がある。コロナもインフルエンザも同様であり、そこに大きな違いはない。

いまだにマスコミは、「日本は世界一のがん大国」などと、おどろおどろしく報じているが、過度に心配する必要はない。近年、がんによる死亡率は減少している。医学の進歩により、早期発見が進んできた結果だ。以前はがんを早期発見することが難しく、見つかった段階で不治の病とされていたが、現在は状況が改善された。早期発見が可能だし、ステージ1や2なら、ほとんど治癒する可能性がある。

ただし、がんの種類によっては生存率が低いものもあり、どのがんかは運次第だ。病理

年齢調整がん死亡率の推移（全年齢・全部位・男女） 単位：％

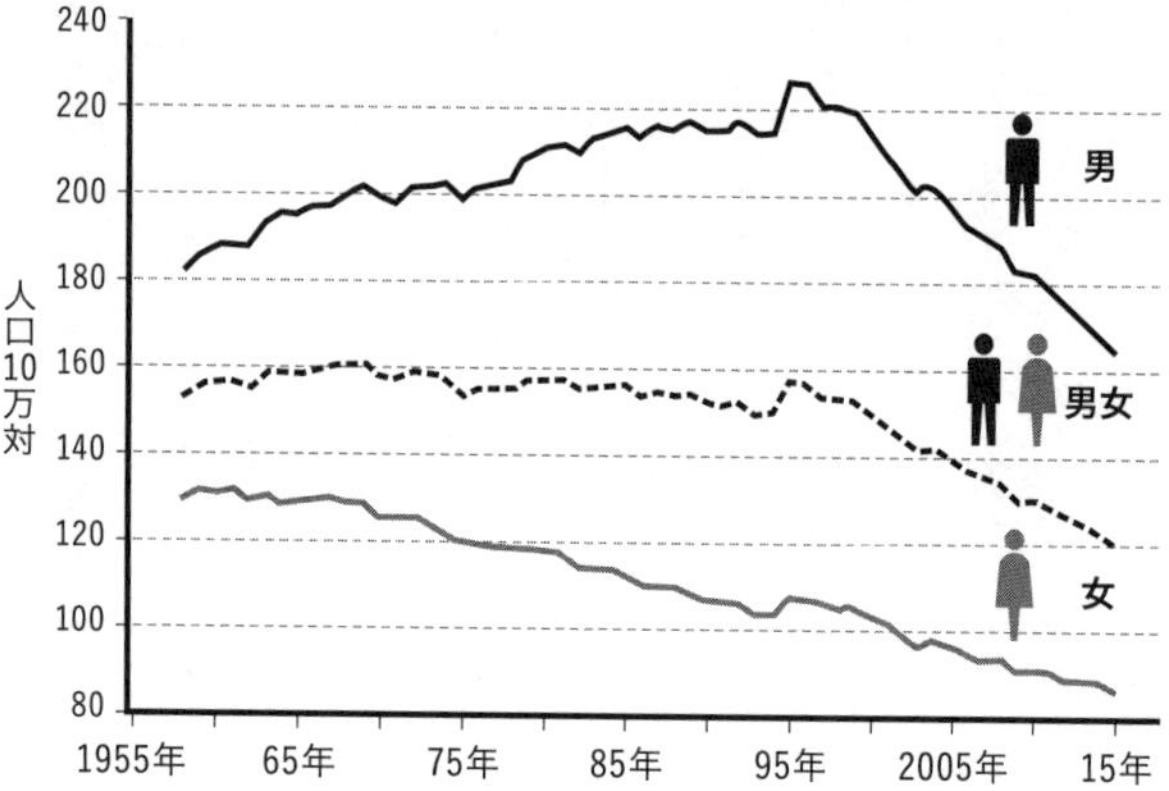

（国立がん研究センター資料より）

検査によって詳細に分析され、生存率が判断される。冷静に情報を収集し、いちばん成功率が高そうな治療をしてくれる医師に相談することが重要だ。

がんは遺伝する確率が高いため、家系に罹患者がいる場合、定期的な検診を受けることをお勧めする。もしもがんであれば、検診によって発見される可能性が高い。

ステージ1でみつかれば、ほとんどの場合、5年生存率は80～90％超となる。奇妙な症例なのに放置していたり、とんでもなくひどい処置をしない限り、死亡する確率は低いといえる。ステージ2に進行すると、自覚症状が表れ、全摘出手術が必要になるケースもあるが、ステージ1や2なら内視鏡で取り除くだけで十分なケースも多い。

がんが他の部位に転移していなければ、生存率はより高まるだろう。しかし、ひとたび転移が起こると、がんが急速に広がり、手術は不可能になることもある。

実際、筆者もがんになったことがある。昔であれば、検診を受けずに末期の段階で発見されていたかもしれない。だが、現在は特定のがんの「腫瘍マーカー」というものが存在し、尿や血液だけで簡単に検出できる。

マーカーには、前立腺がんの診断や、モニタリングに使用される「ＰＳＡ（前立腺特異抗原）」、卵巣がんのモニタリングに使用される「ＣＡ１２５」、大腸がんやその他のがんのモニタリングに使用される「ＣＥＡ（がん胚性抗原）」、肝細胞がんや胎児の神経管欠損などに関連する「ＡＦＰ（アルファ・フェトプロテイン）」などがある。

もちろん、全てのがんにマーカーが存在するわけではないが、がんの早期発見技術は日々進歩している。がんは一度かかれば再発するおそれもあるが、もしそうなっても手術を繰り返すことで対処できるだろう。

普段からデータや事実に基づき、世界を理解する習慣があれば、病気で亡くなる確率もわかるため、多少は気楽になるし、いたずらにネガティブな思考に陥ることもない。

おわりに

本書では、経済、財政、税、社会保障だけでなく、高齢者の資産運用法や働き方など幅広いトピックについて詳しく論じてきた。

世の中の仕組みは思ったよりもシンプルであり、数字を使って理解することの重要性を伝えてきたつもりだ。

経済学では、ある現象が別の現象に影響を与え、それによって全体的な状況が生まれることがよくある。まさに「風が吹けば桶屋が儲かる」ようなものだ。

また、「バタフライ効果」という考え方もある。これは、わずかな変化がのちに思いもよらぬ大きな変化を引き起こすことを指す。

例えば、近年、中国企業の華為技術（ファーウェイ）が米国から経済制裁を受ける前、駆け込みで台湾メーカーに半導体を大量発注したことが挙げられる。

もう少し経緯を説明すると、コロナ禍でパソコン、スマートフォン、ゲーム機などの需要が高く、半導体の需要は安定していた。また、一時は大幅に減産していた自動車の生産が回復するとともに、半導体の需要が急増していった。そこにきて大量発注が生じた結果、台湾メーカーの生産が追いつかず、半導体不足が生じてしまったのだ。

半導体のように様々な分野で利用される製品は、需要と供給のわずかなバランスの変化が、時に予想外の影響をもたらす。時間の経過とともに状態が変化するシステムである「力学系」では、わずかな変化が「系」の状態に大きな変化をもたらすことがある。これがバタフライ効果であり、その基礎には数学があるのだ。

日本人は勉強する意欲がとても高い一方で、俗論に惑わされやすいところがある。幼いころから、「勉強とは学校の先生から教わるもの」という意識が刷り込まれ、それが大人になっても根強く残っているからだろう。そういう人は、他人の言葉に疑問を抱きにくい。

勉強は、自分の頭で考えるためのスタート地点にすぎない。経済学に必要な数学は、まず教科書で基礎理論を学び、それをもとに論文を書いたり、他人の論文を批判的に検証することで鍛えられていく。少なくとも筆者はそのように学んできた。

もちろん老後の限られた時間で、そこまでするのは難しいかもしれない。しかし、他人の話を決して鵜呑みにせず、その言説の裏づけとなっているデータに直接触れ、ファクトかフェイクかを見極めようとする習慣は身につけておいてほしい。そうすれば、偏向報道やうさん臭い投資話などに騙されないはずだ。

また、一つひとつの言葉の定義をおろそかにしないことも重要だ。例えば、デフレは英語で「Deflation」、不景気は「Recession」と表記される。つまり、物価の下落と不景気はまったく異なる現象だからこそ、英語では言葉が使い分けられている。

これを日本語だけで理解しようとすると、定義を混同してしまう可能性もあるが、英語を学んでいれば、定義が明確に異なるものだと理解できる。

本書で得た知識は、子どもや孫、あるいは部下への教育に役立つ場面があるかもしれない。ただし、知識を伝えることは、「その人が自ら考えるためのきっかけを与える」にすぎないことは肝に銘じてほしい。

最後に、読者の皆さんの健康で幸せな長い人生をお祈りして、本書を締めくくりたい。

参考文献一覧

髙橋洋一『財務省の逆襲　誰のための消費税増税だったのか』（東洋経済新報社、2013年）
髙橋洋一『戦後経済史は嘘ばかり　日本の未来を読み解く正しい視点』（PHP研究所、2016年）
髙橋洋一『「年金問題」は嘘ばかり ダマされて損をしないための必須知識』（PHP研究所、2017年）
髙橋洋一『世の中の真実がわかる！　明解会計学入門』（あさ出版、2018年）
髙橋洋一『未来年表 人口減少危機論のウソ』（扶桑社、2018年）
髙橋洋一『「消費増税」は嘘ばかり』（PHP研究所、2019年）
髙橋洋一『財政破綻の嘘を暴く 「統合政府バランスシート」で捉えよ』（平凡社、2019年）
髙橋洋一『FACTを基に日本を正しく読み解く方法』（扶桑社、2020年）
髙橋洋一『髙橋洋一式デジタル仕事術』（かや書房、2021年）
髙橋洋一『国民のための経済と財政の基礎知識』（扶桑社、2021年）
髙橋洋一『新・国債の真実』（あさ出版、2021年）
髙橋洋一『財務省、偽りの代償 国家財政は破綻しない』（扶桑社、2022年）
髙橋洋一『円安好況を止めるな！　金利と為替の正しい考え方』（扶桑社、2023年）
髙橋洋一『たった1つの図でわかる！【図解】新・経済学入門』（あさ出版、2023年）

※右記のほかに、筆者のYouTubeチャンネル「髙橋洋一チャンネル」を参照。
本文中のデータの多くは国内外の各省庁、国際機関の公開内容から抜粋。
公知の事実関係については、各通信社や新聞社、メディアを参照。

高橋洋一（たかはし よういち）
1955年東京都生まれ。数量政策学者。嘉悦大学ビジネス創造学部教授、株式会社政策工房代表取締役会長。東京大学理学部数学科・経済学部経済学科卒業。博士(政策研究)。1980年に大蔵省(現・財務省)入省。大蔵省理財局資金企画室長、プリンストン大学客員研究員、内閣府参事官(経済財政諮問会議特命室)、内閣参事官(内閣総務官室)等を歴任。小泉内閣・第一次安倍内閣ではブレーンとして活躍。「霞が関埋蔵金」の公表や「ふるさと納税」「ねんきん定期便」などの政策を提案。2008年退官。菅義偉内閣では内閣官房参与を務めた。『さらば財務省!』(講談社)で第17回山本七平賞受賞。その他にも、著書、ベストセラー多数。
YouTube「髙橋洋一チャンネル」の登録者数は116万人を超える。

扶桑社新書 497

60歳からの知っておくべき経済学

発行日 2024年 5 月 1 日　初版第1刷発行
2024年 11月10日　第5刷発行

著　　者………髙橋洋一
発 行 者………秋尾弘史
発 行 所………株式会社 扶桑社
〒105-8070
東京都港区海岸1-2-20 汐留ビルディング
電話 03-5843-8843（編集）
03-5843-8143（メールセンター）
www.fusosha.co.jp

DTP制作………Office SASAI
印刷・製本………株式会社 広済堂ネクスト

Printed in Japan　ISBN 978-4-594-09730-1